捧 读

触及身心的阅读

到唐朝寻找王维

商震 著

贵州出版集团
贵州人民出版社

图书在版编目（CIP）数据

到唐朝寻找王维 / 商震著. -- 贵阳：贵州人民出版社，2024.1

ISBN 978-7-221-17862-6

Ⅰ.①到… Ⅱ.①商… Ⅲ.①王维（699-759）-传记 Ⅳ.①K825.6

中国国家版本馆CIP数据核字(2023)第163959号

DAO TANGCHAO XUNZHAO WANG WEI

到唐朝寻找王维

商震 著

出 版 人	朱文迅	
策划编辑	张进步	
责任编辑	龙 娜	
装帧设计	仙境设计	
责任印制	刘洪鑫	
出版发行	贵州出版集团　　贵州人民出版社	
地　　址	贵阳市观山湖区中天会城会展东路SOHO公寓A座	
印　　刷	宝蕾元仁浩（天津）印刷有限公司	
版　　次	2024年1月第1版	
印　　次	2024年1月第1次印刷	
开　　本	880毫米×1230毫米　　1/32	
印　　张	7.5	
字　　数	163千字	
书　　号	ISBN 978-7-221-17862-6	
定　　价	39.80元	

目录

筹划了几年，我要在今年农历三月初三日之前，走进唐朝，赶到长安。

路途不远，过程复杂，这里就不赘述了。

到了长安，稍作休整，还要调整一千二百多年的时差，明天要精神饱满地挤到水边去看"丽人"。尽管长安城是"八水绕长安"，但我要往城北面的水边去，那是皇宫的所在地，是王公贵胄居住的地方，那里的"丽人"肯定更艳丽、更妖娆。哦，长安城里有哪八条水系？它们分别是南面的潏水、滈水、北面的泾水、渭水，西面的沣水、涝水和东面的浐水、灞水。

早饭过后，我跟随人群来到渭水边。天气不阴也不晴，太阳灰蒙蒙地躲在云层后面。无论阴晴，人们脸上都洋溢着喜悦。

农历三月三是民俗节日，男女老少涌出家门，涌向有水的地方，像成熟了的和准备成熟的红杏在枝头上闹。

我国古代称三月三为上巳节。《后汉书·礼仪志》上记载："是月（指三月）上巳，官民皆洁于东流水上，曰洗濯被除去宿垢疢为大洁。"于是，每年到了这一天，人们脱去厚重的棉服，纷纷轻装来到水边举行祭礼，洗濯去垢，消除不祥，被称为祓禊。这一天，也叫春浴日，所以许多少数民族有热闹非凡的"泼水节"。至今，我国许多少数民族仍旧把"三月三"当作一个重要节日。迎春，游春，闹春，泼水、戏水、龙舟荡水等等，地域不同，三月三的内容也不同，唯一相同的是都有水的内容。

还有一个说法，三月三日是法定的青年男女"私聊日"，甚至是"私奔日"。

《周礼·地官》中记载："以仲春之月，令合男女，于是时也，奔者不禁。若无故而不用令者，罚之。"……在仲春之月，命令未婚男女必须相会，无故不执行此命令者，要遭责罚。

这段文字还有一层意思：三月三日，就是周朝法定的自由恋爱的节日，"奔者不禁"，在这一天谈恋爱即使私奔了，也不会受到处罚！

热闹非凡，非凡热闹，人群可以用密不透风来形容。水边的游人肩碰肩、头挨头，抬腿过高就会碰到前面人的屁股，个头矮的会被携裹着走，个头高的被簇拥着走。我这个不高不矮的人，看到的都是别人的头顶或后脑勺。

此时的长安城还是春寒料峭，但是"猫"了一个冬天的人们，终于可以尽情地释放一下自己了，包括那些深居简出的大姑娘小媳妇。"长安水边多丽人"，大概指的就是这些梳妆打扮得精致、着装鲜艳且大胆的大姑娘小媳妇吧。

人太多，我把脖子抻了两寸，踮脚尖累得两个脚腕子酸疼，从中午到傍晚也没看清一个"丽人"的全貌，甚至都没看到水，更没看到有青年男女"私聊"。索性就不看了，真不知道当初"漂"在长安的杜甫看到了多少"丽人"，才写了这么一首《丽人行》。当然了，这首诗，是带着杜甫的"酸"味的。

嗨，所谓"丽人"，也许是山坡上泛绿的小草，树枝上绽苞的新芽。

我走到一个巷子里，看到一家有些端庄贵气的酒馆。酒馆的名字叫：异乡客酒家。牌匾上是手写体，但没有题写人的落款。酒馆看上去透着古朴，估计是经营得有些年代了，门脸不大，两侧的门柱上雕刻着一副对联，是书法狂人张旭的草书，上联是"酒中世界饮罢方晓"，下联是"诗里甘苦醉后才知"。看着这副对联，我就迈不动步了。心想：看来张旭常来这里呀。进去看看。

走进去，是一个完全木质结构的两层楼，一楼已经坐了许多客人，店小二走过来对我说："先生，您几位？"我说："就我一人儿。"店小二听了我的回话，把我上下打量一番，然后说："哟，先生，您可不像我们唐朝人啊？"我说："是啊，我是唐朝一千二百多年后的中国人。"店小二并不慌张，说："哦，现在你们还想着我们唐朝啊！不过，每年我们都会接待几位像你一样特别的客人。这样吧，先生，您上二楼，找个临窗的位置坐下，要吃点什么、喝点什么您跟我说，我这就给您送过去。"

我说:"给我一壶新丰酒,切半斤煮牛肉,再来一盘胡豆。"

我走到二楼的最里边,坐下,一侧脸,就看到墙上密密麻麻有许多题字,墙壁下面有一张小桌子,桌子上有笔墨纸砚。墙上最醒目的字是张旭的狂草。我站起来走近细看,看到很多令我肃然起敬的名字。突然,我发现了王维的题诗,字体是清瘦的汉隶,两句诗是:"终年无客长闭关,终日无心长自闲。"在王维题字的右下方,还有李白的草书题诗:"问余何意栖碧山,笑而不答心自闲。"李白的草书足够放浪,但比张旭还差三分醉意。

我正狐疑,店小二端着酒菜上来,给我放到桌上了。店小二看到我在端详墙上的题字,就说:"先生,您也想题字吗?"我忙说:"不敢。不敢。"这时一个沉稳的声音从楼梯口方向传来:"有什么不敢的?崔颢又没在上面题过诗。"我扭头一看,一位老者正向我走来,这位老者,穿着长衫,梳着发髻,拄着拐杖,下巴上一撮山羊胡。我迎上去合掌作揖,嘴里说道:"老先生在说笑,我仅是个过客,因为好奇,才站在墙壁前看的。"店小二指着老者对我说:"这位是我们店的老掌柜。"老先生坐到我的座位对面,对我说:"你过来坐吧。"然后又对店小二说:"再拿一壶酒,几碟小菜,煮一盆鱼来,我和这位小咱们一千二百多岁的先生喝几杯。"我看着这位老先生,一时无语了。老先生看着我,说:"你在门口看张旭写的对联时,我就注意你了。你在大堂里和小二对话我也听见了,所以,上来和你聊聊,这顿酒菜算我的了。"我说:"老先生,您能来和我聊天,肯定是我请您喝酒才对。"老先生说:"你带的是人民币吧?我们这里可没处给你兑换。"我连忙说:"不,不，不，我换了些通宝，还换了一些银子。"老先生笑了："看来，你是有备而来呀！那你是书法家？还是诗人？"我小声地说："我是个学习写诗的人。""你来我们大唐干什么？""找人。""找什么人？""找一位诗人。"老先生这时呵呵地乐起来了，说："你要是找其他行业的人，我可能帮不上你，如果找诗人嘛，在长安城可是舍我其谁呀。"

酒菜上齐了，老先生举杯说："来，年轻人，干杯。我这新丰美酒可是很多唐代诗人都喝过的。没喝过新丰美酒的人，都写不出好诗。"我们喝了几杯后，老先生指着题满诗句的墙壁说："你看，这面墙上的题诗，只是本店墙壁的一面，还有五面墙在那边和楼下，也是题满了诗的。"我问："唐代的诗人，都来过吗？"老先生得意地说："你能喊出名字的，我这里基本都有，除去有几个人想题诗，我不准的。我这里地理位置好啊，北面不远就是兴庆宫，文武百官上朝退朝都从我这里路过，来参加科举考试的更要到我这里来，考场就在我对面。"我觉得老先生有点过于得意，就苛刻地接着问："李世民来过吗？"老先生说："他没来过。不过，当年玄武门兵变的时候，他骑着马在我门前走过。唉，这个李世民呀，如果他当了皇帝后，没把唐朝治理成世界强国，那么，他的玄武门兵变就是大逆不道、十恶不赦；可是，他很争气，带来了'贞观之治'，带来了最强盛的王朝。盛唐这个称号，没有李世民是不可能有的。"我说："如果没有那些巨匠诗人，也不能叫盛唐吧？"老先生马上说："不能。没有诗歌，唐朝就不是唐朝，没有伟大诗人的唐朝，绝不会被称作盛唐。"说到这，老先生喝了一杯酒，抬手捋了捋山羊胡，慢条斯理地说："我们唐朝的诗歌是文学上的高峰啊。"老先生有些沉醉，不是因为酒，而是因为大唐朝和大唐朝的诗歌。

我看着老先生，又斜眼看了一眼窗外，水边游玩结束的人群正熙熙攘攘地散去。

店小二上楼来，又拿来两壶酒。老先生与我喝干一杯，拿着筷子指着桌上的一盆鱼说："年轻人，吃这个鱼，是我们渭河的鱼，就是当年姜子牙想钓没钓上来的鱼。"我一听笑了，心想：这老先生不仅喜欢自豪地侃侃大谈，还有点儿幽默。我接续着老先生的话茬说："姜子牙为什么没钓上来呀？是为了留着给我们吃吗？"老先生哈哈笑了几声，说："你很有趣儿啊。姜子牙本来就没想钓上来鱼，他是把自己当鱼，等着周文王钓他。"我们举杯连喝几杯，又笑了一阵子。

"年轻人，你知道我们大唐朝，为什么会有那么多伟大的诗人和伟大的诗歌吗？"我摇摇头，并虔诚地看着老先生，等他继续说。

"我们唐朝之所以被称作大唐朝，就是不管什么东方、西方、南方、北方的文化力量来到唐朝了，我们都微笑着接纳，能改良的就改良，改不了的，就保持原貌留在身边；还有，在我们唐朝的近300年里，没有一位诗人，因为写诗触怒朝廷或惹皇帝生气而坐牢的，更没有被杀头的。"

我瞪着眼睛听，一言不发。

老先生问我："你是诗人，你喜欢我们唐朝的哪位诗人？"

我说:"对于唐代的诗人,我只有崇敬,没有资格不喜欢。""呵呵呵……"老先生笑了,"你很聪明啊。我就有喜欢和不喜欢的诗人。"我说:"您不喜欢谁?"老先生又喝了一杯酒,吃了几颗胡豆。说:"我最不喜欢的是,宋之问。""哦?""宋之问是有些才华,但人品太差。拍马屁拍得让天下人恶心就算了,他还经常出卖帮助过他的朋友。所以,宋之问到我这里来过几次,想在墙上题诗,我坚决不允许。"我说:"您正义!也有勇气。"老先生有些自诩地说:"我就是一个小酒馆的掌柜,他宋之问能奈我何?再说,他也犯不着跟我较劲,对一个小酒馆掌柜的下毒手,会毁了他的名声。他们只对那些挡了他升官之路的人,才下狠手、毒手。"

我看到老先生谈兴大发,唯恐刹不住车,就想转到我想了解的话题上,急忙插了一句:"老先生,李白、王维、杜甫您喜欢谁呀?"

"我喜欢王维。李白来时,眼睛望着天花板,跟店小二说话都不看人。杜甫来店里,低着头,说话声音含糊,好像欠了酒钱一样。只有王维,温和、亲切、安静。这三个人,王维来的次数最多,但是,'安史之乱'后就再没来过。我喜欢王维,还有一个原因,我们都是蒲东人。"

我点点头说:"哦,你们是老乡,是乡亲。"

"是呀。王维祖籍是太原祁县,他父亲迁居到我们蒲东,直到他15岁来长安。哦,我还想问你,你们现在把蒲东改成什么名字了?"

"永济。"

"哦，永济。那还有人知道永济就是蒲东吗？年轻人，我们蒲东可是出人才的地方啊。我只给你说几个大诗人的名字吧。王维咱刚说过了，还有卢纶、杨巨源、柳宗元、司空图等等。蒲东是地灵人杰啊！"

我说："您老人家也是蒲东的俊杰啊！"老先生一边得意一边"谦虚"地说："我不算，我不算，我就是个卖酒的。呵呵。"然后，老先生突然看着我问："你说你是来找人的，你要找谁？"我说："王维。"老先生听到我要找王维，马上又精神活泛了一些，说："找王维，哈哈，普天之下，大概只有我能够找到王维。年轻人，你来我这里算是来对了。看来咱们也是缘分不浅啊！我这小酒馆原来叫长安客酒家，后来叫异乡客酒家，就是王维给改的名字，也是他亲笔题写的，但是他不落自己的名款。异乡客也是取自他的诗'独在异乡为异客'。"

我连忙说："是这样啊，我真是幸运，来长安就能遇到您。谢谢，谢谢。"又接着问："您能告诉我，王维和李白见过面吗？他们为什么一生不来往呢？"老先生捋了捋山羊胡，慢吞吞地说："这个嘛，可能是千古之谜。不过，我能给你提供一些线索，你自己去判断。"

我拿出笔记本和圆珠笔准备记录，老先生看着我手里的圆珠笔，说："你们都用这种笔写字？"我说："是的。"老先生说："用这种笔写字，还能看出一个人的性情和才情吗？"我眨了眨眼睛，说："也能吧。"老先生嗯了一声，然后严肃地说："我和你喝酒聊天，你不能记在本子上，不能把酒馆里的道听途说当历史。"
我赶紧收起笔记本，道歉说："对不起，我不记录了。您说吧。"
随后，又敬了老先生一杯酒。

老先生喝掉一杯酒，稳了稳神，说："王维和李白应该见过面，估计是没说过话。当初皇上在温泉宫游玩，邀了很多诗人去写诗唱颂，王维去了，李白也去了，他们都写了诗，现场两个人为什么没有交际，就不得而知了。不过，王维和李白确实不是一路人。王维是太原王氏后代，是名门望族，而李白是商人后代，所以，李白连参加科举考试的资格都没有。王维是进士出身，又在朝廷里做官，李白到长安的时候，王维已被称作'天下诗宗'。李白为人处世有些傲慢，王维不喜欢他，也不奇怪。那时，李白在长安，除了贺知章等少数几位朝廷官员喜欢李白，大多数人都不喜欢他，而王维是人见人爱的。这是第一。第二是王维始终觉得以李白的狂傲，他在长安混不下去，还可能惹出祸端来，王维不敢靠近他。第三，李白到长安不久，写的一些诗在坊间流传，有那么几首诗中的句子，竟然和王维的诗句相同或相似，估计王维认为李白用了他句子也不打个招呼。"

我赶紧问："老先生，李白使用王维诗句的事，你有具体例证吗？"老先生说："有啊！你看王维在《少年行》中写'新丰美酒斗十千'，而李白在《行路难》里有'金樽清酒斗十千'。王维的《少年行》里有'纵死犹闻侠骨香'，而李白在《侠客行》里也有'纵死侠骨香'。李白到长安没去拜会王维，还使用王维的诗句，王维肯定是不高兴了。还有一件事，王维考中进士，玉真公主是出过力的，而且王维和玉真公主的关系也绝非一般。李白到了长安也想走玉真公主这条路，和玉真公主的关系也很好，李白到翰林院做待诏大学士，也是玉真公主在皇上面前说的情。于是，王维有了一点醋意。后来，王维被贬到济州，李白在长安又漂了一段时间，等王维再回朝廷为官时，李白已经离开长安，去四海云游了。唉，李白离开长安后，才是真正的李白啊。至于王维和李白，他们之间的事儿，我就知道这么多。你可以不信，至少不能全信。我这个小酒馆，是长安诗歌界的信息中心，但不是所有的信息都可靠。"我起身向老先生行礼，举杯相敬。老先生喝完酒，摆手让我坐下，又喊了一声："小二，把这条鱼拿到后厨再热热。"

我问："王维和玉真公主的关系，真的是很暧昧吗？"

"嗨，他们的关系非同一般是肯定的，王维经常到玉真公主府上去，我都看到过。至于他们之间是否有男女私情，除了他们俩，就不是外人能道的了。"

"玉真公主府在哪儿？"

老先生站起身，对着窗外用手指着左侧的方向，说："离这里不远，在那边。出门向东过一个巷子口再向北，走一百多步，有个高门大院就是。"

顺着老先生的手指方向看过去，感觉离我住的客栈不远。这时才发现天已经黑下来了。

我又问老先生："您和王维私交很好，能帮忙让我和王维见面或对话吗？"

老先生犹豫了一下，压低声音对我说："我看你喝酒时总是端起来就干杯，应该是个很坦率真诚的人，不像是个混子和骗子，我愿意帮你见到王维。我告诉你个密码，你要在子时之前入睡，在梦中把这个密码念三遍，王维就会来和你在梦中相见了。我只跟你一个人说了，过去没和任何人说过，今后也不会跟任何人说。"我也紧张地把头凑到老先生面前，坚定地说："老先生，您放心，我不会再告诉别人。"

老先生左右看了看说："好，你附耳过来，记住'＆＆＃＃*$*'，连续呼叫三遍。"我说："记住了，记住了。谢谢您！"

店小二把热气腾腾的鱼端了上来，我和老先生又边吃边喝了几杯酒。我不断地夸酒好、菜好，老先生的为人更好。老先生喜滋滋地享受着我的赞美。

窗外，已飘着小雨。我起身说："万千感谢老先生。今天有劳您了，择日我再来讨教。"

作揖，告别。

走出异乡客酒家，向东走，我住的客栈在东边。天又黑得重了一些。

小雨飘飘忽忽，似有似无。路上的行人不多，但一些酒馆里，灯火通明，还很热闹。此时，城门已关。我边走边左右看，感受着夜晚的长安。我在每一家酒馆的窗边都站立一会儿，凝神往酒馆里的各个桌上看，希望能看到李白或者杜甫，王维不会一个人在夜晚出来喝酒的，况且，三十岁以后的王维就很少喝酒了。

我原想到玉真公主府去看看，但雨突然变大了，黄豆粒一般的雨滴垂直砸下来。我只好回客栈，明天再去。

进了客栈房间，燃起灯，和衣躺倒在床上，望着天棚发呆。这时一只壁虎，蹿到天棚上，并且趴在天棚上不动了。我想，这大唐长安的壁虎，也许是一只会写诗的壁虎。我看着壁虎，壁虎也看着我。我定定地看着壁虎，忽然壁虎变成一条龙，又忽然变成一条蛇，再看一会儿，壁虎还是壁虎。

有蛐蛐在吟唱，不高不低的旋律，没有变化的旋律，恰好与这个长安的雨夜相匹配。

窗外的雨还在不急不缓地落着。我默念着王维的诗句："雨中山果落，灯下草虫鸣。"哦，现在还没有山果，草虫已经开始叫春鸣唱了。

我看了一眼手表，快到子时了，我要赶紧睡觉，梦中要邀王维一见。

& & ##*$*　& & ##*$*　& & ##*$*

连线中……

王维果然来了，面无表情地来了。我们互相致礼。

王维问我："先生跨越时空费尽周折，来找我何事？"

我说："我想给您重新写个传记，但有几件事，我不太清楚，想得到您的亲口确认。"

"立传？你是司马迁的后人？"

"不是。我是个诗人，一个喜欢您的诗人。"

"哦，喜欢我的人，大多是不求上进的人。不过，我都来了，你就直接问吧。"

"你真的不喜欢李白吗？"

"人与人之间只有缘分，没有喜欢和不喜欢。能相聚者是缘分到了，没能相聚者是缘分不足。"

"李白真的抄了您的诗句吗？"

"没有。我的诗句也是从古人那里抄来的。'新丰美酒斗十千'是我从曹植的"归来宴平乐，美酒斗十千"中抄来的，所以，只要用得好，比古人用得有新意，就不是简单地抄。李白用得比我好。"

"那您和玉真公主的关系究竟如何？"

"施恩于我者，是前世与我缘分未尽的人，我报恩那些施恩于我者，是我们的缘分在延续。一个人爱另一个人，是送善缘，被一个人爱是得善缘，互爱是结善缘。但是，天下没有无尽的缘，当聚则聚，当散则散。从爱出发，坚守爱的过程，缘尽时也是爱。有爱有缘，缘尽爱终。"

"您为什么后半生不再娶？"

"我一个人可以承受各种苦厄，但不能连累无辜的人和我一起承受。娶女人是要她和你享受生活的，不能让她跟你受苦受难。"

"您很欣赏陶渊明，为什么不学陶渊明彻底做个隐士？"

"陶翁并不想做隐士，只是不习惯头上的官帽。他把官帽当铁箍锁链，而我是可以接受铁箍锁链的。我有个小官职就有俸禄，不必像陶翁那样到邻居家借粮食吃。"

"您吃斋念佛半生，为什么不皈依佛门？"

"我身上有污秽，不能玷污佛门，还是自己闭门修行好。还有，我并不讨厌俗世生活。"

"为什么要半官半隐地住在辋川？"

"贴山水花鸟近些，心里会感觉安全一点儿。"

"有人把您定位成山水诗人，您觉得准确吗？"

"自然界的山水本身就是好诗，还用再写吗？诗人心里生出的山水，才需要写。"

"我近日要去辋川看看，您能给我点儿建议吗？"

"辋川已不再是我的辋川，我的辋川在《辋川集》里。"

我正准备继续问一些疑惑的事儿，忽然一声雷响，王维先生飘然而去了。

&& ##*$*　&& ##*$*　&& ##*$*
再连线，对方已无法接通。

第一章

无春雁不回

大约是在公元710年的一个秋天，我来到唐代的太原祁县，那时属并州。这是我第一次来并州。祁县位于并州的中央地带，有几条重要的交通道路在这里，尤其是一条连接长安通往巴蜀地区的路，在这里与其他几条路交会。道路四通八达，是一个地区繁荣、繁华的基本要素。所以，祁县的商业贸易很兴盛，特别是茶叶、丝绸的转运贸易。历史上所谓的"晋商"，就是发祥于祁县。县城的几条街都很热闹，商铺林立，鳞次栉比，街上南来的、北往的，上京的、赶场的，四川的、湖广的，各色人等随处可见。但，我不是来旅游看风景的，也不是来逛街或看热闹的，更不是来贩卖茶叶或丝绸，我是来看王维是怎样在一场家庭变故中长大的。

　　这一年的秋天，风很残忍，很暴戾，是王维经历的最凛冽、最凄寒彻骨的秋风。

　　王维九岁半，身为汾州司马的父亲王处廉因病辞世了。整个王家都沉寂了，全家人没有大声号啕，只是咬着牙抽泣。这是王维母亲的要求。

整个院子里、各个房间里，都是静默、静穆，只有秋风肆无忌惮地窜来窜去。

灵堂前，邻里亲友来吊唁，王维和弟弟王缙站在灵堂前鞠躬还礼。两天两夜，王维和王缙没有离开灵堂。族里的长辈们在灵堂里合议，并确定了一个出殡的日子。

王维走到后院佛堂，对母亲说了族中长辈确定的出殡日子。母亲对王维说："维儿，你父亲不在了，你是长子，家里的事，该由你做主了，不必来问我。你认为他们定的这一天可以，就可以。"王维听完母亲的话，既感觉自己必须长大了，又感觉非常无助。但是，母亲已经表态了，他就回到灵堂对族里长辈们说："我请示了母亲，母亲很尊重各位长辈们的意见，就这样确定吧。"

王维家的老宅，坐落在太原祁县西街，是一座两进深的院落，高大的门楼，两根粗壮的柱子撑起翘起的房檐，房檐上的风铃在秋风中"叮当、叮当"地响，像寺庙里的钟磬，中间一扇大门，左右各有一侧门，在大门框上方横着一块匾，篆刻着四个大字"太原王氏"。这座宅院是这条街的一个风景，也是邻里们的一个骄傲。邻里都说王家人虽然是大户人家，但对邻居们都很好，谁家有困难只要张嘴相求，王家一定会伸出援手。

现在，王家的当家人病逝了，邻居们都过来帮忙，好像逝去的是自家的亲人。

出殡那天早上，族里的老少，邻里老少还有汾州的部分官员和百姓都到了，大家都肃穆地按住悲痛，诚心地送好人王处廉在阳间的最后一程。

　　棺椁抬到路边停着，送葬的队伍站好了，吹奏班子也把唢呐放到嘴边，可是不见王维。王维是要走在棺椁前面打灵幡的。大家左顾右看，也看不到王维。这时王缙说："各位稍等，我去找我哥哥。"王缙一溜小跑，来到母亲的佛堂，看到母亲和哥哥都跪在佛前，眼睛里都噙着泪水。王缙看到这个场景，也没敢吱声，悄悄地跪在了母亲身旁。母亲看到王缙来了，就知道外面都准备好了，该出发了。就对王维说："维儿，该送你父亲去和祖先们见面了。"王维点了点头，在点头的瞬间，泪珠从脸上滚落下来。王维和王缙站起来，走出佛堂，站到送葬队伍的前面。

　　王维的母亲，三十岁出头，这几天强忍着失去丈夫的悲痛，她没在七个孩子面前让一滴眼泪滴出眼眶。现在，孩子们都不在身边，她的泪水像两股泉水一样汩汩流淌。哭了一会儿，觉得轻松了一些，就默念《维摩诘经》中的："前际不来，后际不去，今则不在。"

　　她反复地默念，直到王维等送葬的孩子们回到家里。

　　王维实在太疲惫了，从父亲的墓地回到家里，就去看母亲，向母亲讲述了父亲下葬及墓地周边环境的情况，母亲听完就说："很好。你父亲会高兴的。维儿，你和弟弟妹妹们都累了，去休息吧。前屋里的事让王蛰（家仆）他们支应着就行了。"王维说："好的，母亲，您也去休息吧。我去招呼弟弟妹妹们休息一会儿，他们都有点儿熬不住了。"

王维回到卧室呼唤着弟弟妹妹们赶紧睡一会儿，休息一下。他对弟弟妹妹们说完，自己倒在床上就睡着了。

王维睡得正酣，老仆王蛰轻拍王维，嘴里小声地呼唤："大少爷，大少爷。"好像既想喊醒王维，又舍不得喊醒。第一轮喊罢，看到王维没醒，王蛰站着，看着王维睡得憨实，眼睛里流露出爱惜与怜惜的复杂神色。是啊，眼前的王维本来还是个孩子，却要开始撑起这么大个家了。想到这里，王蛰一激灵，不行，得喊醒王维，前面客堂里有客人要见呢。于是，手上又加重了力量，嘴里提高了声音："大少爷，大少爷，吴先生来了，夫人让你过去呢。夫人和吴先生正在客堂说话呢。"王维醒了，揉了揉眼睛，问："谁来了？""吴先生。""哦。我马上就过去。你先过去吧。"

王维迅速地洗了一把脸，理了理鬓发，整理一下衣衫，就疾步走向客堂。

来到客堂，看到母亲正与师父吴先生喝着茶说着话，就赶紧给吴先生鞠躬，嘴里说着："师父，您怎么来了？"吴先生说："坐吧，摩诘。我本来昨夜就要赶来，准备今天早上送处廉仁兄最后一程，可是，昨晚被朝廷里的几个大臣缠住，没能脱身，只好天不亮就往祁县赶，还是没赶上。刚才我和你母亲聊了一会儿，你母亲有些想法我很理解，也支持。嗨，你们的家事，我就不多嘴了。我要对你说的是，从今以后，你要更沉稳，谨慎，要懂得怎样撑门立户，多听你母亲的教诲。不过，读书、写诗不可误，考取功名是你安身立命之本。画画也不可懈怠，艺不压身，在朝里做官，只有一样本事是不够的。你的琴也不能丢。"
王维认真聆听，毕恭毕敬。吴先生又说："我有机会就来检查你
的读书、写诗、绘画的情况。"王维说："师父放心，摩诘不敢
懒惰，一定不负您的期望。"吴先生笑了："好吧，我对你有信心。
我马上要赶回长安，明天还有事情要处理。你协助母亲把家里
的事情料理好，过几年你也大了，就到长安来找我，你可以一
边游学，一边见见世面，为科举考试做些准备。"王维点点头：
"好的，师父。"吴先生随即向王维的母亲拱手告别。

吴先生起身走了，王维送到大门外。王蛰抱着一坛老酒，
放到吴先生的马车上。王维说："师父，您爱喝酒，这个您带着。
再说，家父不在了，家里也没人喝酒了。您时常想着来喝，顺
便教导我。"吴先生看着王维，伸手意味深长地拍了拍王维的
肩头，欲言又止，转身跳上马车。马车缓缓地驶动，王维看着
师父的马车在西街的尽头消失了，才回到屋里。

略过二十天，此间无可言说之事。

王维带着弟弟妹妹和族人一起到父亲的墓前，给父亲"烧
三七"，回到家后，王维直接到后院佛堂去看母亲。母亲说："维
儿，知道为什么我给你取名叫维，字摩诘吗？"王维说："母亲
给儿子取名，总是好的。不过，我看到您每天都在念《维摩诘经》，
已知道母亲的大概意思了。维摩诘是个俗家佛，而梵语中'维
摩诘'这三个字换成汉语是干净无垢的意思。"母亲说："嗯。
维摩诘是个了不起的人，他是俗家弟子，却让佛祖、菩萨们尊
敬。他的《维摩诘经》，通达、晓畅，直抵生活的本质和人心。

身不在佛位，而佛一直给他留着一个重要的位置。"王维听完母亲的话，点着头说："儿子明白了。"母亲接着说："咱娘俩坐起来说会话儿吧。"王维起身把母亲搀扶起来，坐到椅子上，又到门口喊王蛰："倒一壶茶，端到这里来。"

茶送来了。母亲喝了一口，放下杯子说："维儿，你父亲走了，咱家也没有其他产业，一家人已经没有收入来源了。你有什么想法吗？"王维说："我想过，但想不出办法来。母亲，您指路给我，我会努力走好的。"母亲叹了一口气，说："我想，咱们把这座王家老宅转让给咱们族里的人，换出一些银两，咱们全家搬到蒲东去，那里有你舅舅们帮衬着，买下一点田亩，租出去，够咱们一家的吃喝用度就行。你觉得这样好吗？"王维乍一听，有点儿愣神儿。仔细一琢磨，母亲所说的办法，是最可行的办法了。就说："母亲，这样很好。到蒲东，全家的生活能有保障，您也有舅舅、姨娘们经常和您说说话儿了。"母亲说："既然你同意了，那就择一日，你去请族里的长辈到家里来，备上酒菜，把这个事跟族里的人说一下。咱们族里的人，早就有人惦记着咱家这座老宅，这次就转给他们吧。要多少银子你和族里的长辈们定，我就不参言了。"王维睁大眼睛看着母亲，说："这么大的事儿，您不参言？我能行吗？"母亲微笑着说："你能行。转让给族里的人，这里还是王家，没有人会因为你是小孩就欺负你，你也不会去跟族里的长辈们斤斤计较。所以，你能行。"王维低下了头，沉吟了一会儿，说："好，有您在家，我能行。"

酒席刚开始，族人们就很快达成协议，共同买下这座宅院，作为"太原王氏祠堂",并且交付给王维的银两要高于预期。王维携弟弟妹妹代表母亲感谢族人的援助。

一位族中长辈说:"维儿,你们慢慢收拾东西,收拾好了,就通知我们。我们各门各户出车的出车,出人的出人,护送你们一家到蒲东。转告你母亲,让她放心。咱们太原王氏是一家人,永远是一家人。"随即全体族人都纷纷表态:"你们就放心吧。我们每家出一辆马车,一个人,送你们到蒲东。"

族人们离开以后,王维觉得心里很踏实,也很感动。同时也感受到爷爷、父亲在族里被尊重的程度。真是前人栽树后人乘凉啊。

傍晚时,师叔李乐吾来了。王维跟他叫师叔,是因为李乐吾是爷爷王胄的弟子。

王胄在世时,是朝廷的八品官协律郎,掌管天下的音乐韵律。官阶很小,却是当时的音乐大师,笙笛弦鼓样样精通。王胄弟子众多,李乐吾是最小的一个,相当于关门弟子。

与其说李乐吾是王维的师叔,莫如说李乐吾就是王维的师傅,因为王维就是跟着李乐吾学习古琴与琵琶。但是,李乐吾坚决不同意王维喊他师父,只能喊师叔。李乐吾的理由是:"我的本事都是你的爷爷交给我的,我现在教给你的,不及你爷爷教我的一半呢。你应该是家传,我配不上做你的师父。"

李乐吾进屋,和王家的每个人寒暄几句,就让王维抱着琵琶跟他出去一趟。王维去和母亲打完招呼,就抱着琵琶和李师叔出去了。

他们来到城边的一个小树林，找了两块石头坐下。李乐吾说："摩诘，我已经知道你们全家要搬迁到蒲东去了，以后，我们见面的机会会很少了，但是，我对你弹的琵琶还有些不放心。我今天再教你一个大曲，你平时多练练，也许将来有用。"王维说："谢谢师叔，我会努力练习的。"

李乐吾接过琵琶，调了调琴弦，调整呼吸，静了一下，就弹了起来。

琵琶在低音区行进，时而有隆隆的战鼓声声，继而是急促的行军，伴有刀枪相接的现场。接下来就是沉郁、悲壮的音色。是散板——快板——散板。王维听出了既有战争场面恢宏的气势，又有主人公内心的细腻情感，有粗犷的白描，也有精微的刻画，加之李乐吾丰富多样的演奏技巧，使得整首乐曲生动、立体。此时，王维已经知道这首曲子叫《霸王卸甲》。

李乐吾弹完这支《霸王卸甲》，坐着平息了一会儿情绪，然后对王维说："这支《霸王卸甲》，过去我没教你，今天要教会你。还要给你讲一下这支曲子的来历。"王维说："师叔，我能学会。"

王维抱着李乐吾递过来的琵琶，开始学习，李乐吾站在一旁不断地指导，王维很快就基本掌握了这支曲子。李乐吾说："你的悟性真好。回头再多加练习吧。"然后说："这支曲子是说西楚霸王项羽从兵败到乌江自刎这一事件过程的，但没有任何哀伤和凄冷，反倒是英雄气十足，这是告诫后人，死不可怕，接受屈辱才可怕。"王维认真地听，心里在默默地记。

李乐吾突然问："你读了那么多诗，读过虞姬写给项羽写的那首诗吗？"王维说："是这首吗？'汉兵已略地，四面楚歌声。大王意气尽，贱妾何聊生。'"李乐吾说："是。你觉得写得怎么样？"王维说："我觉得这是后人的捉刀之作，不是虞姬写的。因为这首诗是很规整的五言诗，而五言诗到了东汉末年才成型，秦朝末年不可能有这样的诗。再说，虞姬在写这首诗之前，连读过诗的记载都没有，更没有写过一句半首诗的，怎么可能突然就会写诗了呢？而且还能写这么好，所以，我认为是后人的捉刀之作。"李乐吾笑了，感叹道："摩诘，你真是个神童，将来一定是个大才子。好了，今天就学到这儿，等你们在蒲东安定下来，我再找机会去看你，看看你把这首曲子练到什么程度了。我现在要连夜赶往长安，咱们再会。"说完，李乐吾就匆匆地走了。

王维把母亲和弟弟妹妹们送上两辆马车，街坊邻居和部分族人也来相送。母亲要先到蒲东安顿新居的房舍等事务。

七天之后，王维和老仆人王蛰才带着三辆马车，彻底离开了祁县。

王维望着这所祖宅，望着自己的出生地，生出许多感慨。马车晃晃悠悠地驶出祁县，王维又回头看了看，写出了人生的第一首诗，是一首五言排律。

关于王维的第一首诗，我在各种唐诗选本中都找不到。我去问王维，王维说："写了，就是写过了。没人记得，说明写得不好，我找不到，说明我也不满意。"哦，是这样啊，我了解到的情况是，很多诗人都不愿意把写的第一首诗再拿出来示人。

我跟着王维到了蒲东。

蒲东是座古城，在上古时期叫"蒲坂"，是舜帝的首都。《括地志》中有："蒲坂故城在蒲州河东县南，尧、舜所都也。"蒲坂后更名"蒲州""蒲东"，现在叫永济，行政区划归运城市。

我看到一本当代永济籍作家王西兰先生写的大散文《大唐蒲东》，其中有一句关于"中华"之名来源的说法，觉得王西兰先生很大胆，是一个敢于独立下判断的好作家。《大唐蒲东》中说："中华"之名取之于蒲东身旁的中条山和华山两座山的第一个字。这个说法，和我们已经接受的"天下之中，华夏之族"大相径庭。孰是孰非？呵呵，和本文关系不大，不去讨论了。

蒲东在华山之东，黄河的东岸。春秋时，河东是晋，河西是秦，秦晋之间以那一段黄河为界，后来的"秦晋之好"，也是跨河联姻。

蒲东人有一种说法：唐朝是从蒲东出发的。理由是李渊起兵前，曾是河东抚慰使，大本营就设在蒲东，直到太原起兵时，李渊也兼着这个职务。

总之，蒲东在唐朝，以及在唐朝之前与唐朝之后都有很重要的政治、军事、经济、文化地位。

在王维来到蒲东之前，诗人王之涣来过，写了《登鹳雀楼》，现在的鹳雀楼已不是王之涣登过的那座楼，是一座钢筋水泥建筑。王维之后，诗人元稹来过，写了《莺莺传》，后被元代的王实甫改成戏曲《西厢记》，现在永济还有普救寺，张生和莺莺不在，来寻找张生和莺莺的人很多。

蒲东出了很多影响历史的诗人，《唐才子传》中列了十位蒲东籍的诗人，王维、杨巨源、柳宗元、司空图、王驾等。

无用的话，说得有些多，还是去看看王维到了蒲东后的情况吧。

王维的母亲崔氏，是博陵崔氏大家族的闺秀，崔氏家族有一部分在蒲东定居、经营，王维一家来到蒲东，受到了许多照顾。但是，王维在蒲东的新家比祁县的老宅小了很多，母亲寝室和佛堂安置在一间屋里，因早已素食，也不和大家一起吃饭，平时不太出屋。王维依旧每天早晚去给母亲问安。王维的生活也简单了很多，读书、画画、练琴三件事每天循环。

接近立冬时，蒲东下了一场大雪。

天地静穆，天气也冷得出奇。老仆王蛰指挥着两个小伙计往各屋送炭火盆。

王维看着漫天的大雪，走出屋门，向华山方向望去，发现华山此时是一团云，一堆雪，或者是云中的一个楼台亭阁。他心里在打着腹稿，想写诗了。

就在这时，大门的门环在响，王维的思绪断了，心想：这么大的雪，这么冷的天，怎么还有人来？于是转身回到屋里。

王蛰听到大门响，就去开了大门，见到一对母女样子的两个人站在外门。

年龄大的人问："这是王摩诘的家吗？"王蛰说："是，是。您是？"

"我是李乐吾的妻子，（指着身边的女孩）这是我们的女儿。我们有事要见摩诘和他的母亲。"王蛰一听是李乐吾家里的人，赶紧请进来，并领着她们先到了王维的房间。

王维看到李师母来了，先是高兴，然后伸长脖子往外看了看，说："师母，李师叔呢？""摩诘，我们太冷了，先给我们一口热水喝，咱们再慢慢说。"这时，王蛰已经端着热水进来了，身后还跟着王维的母亲。王维的母亲和师母没有寒暄，两人一对视，老姐俩就抱在了一起，师母的眼泪也流了出来，师母身边的小女孩也在哭泣。王维感觉到了什么。这个女孩，王维过去没见过，李师叔没带来过，王维去师叔家也没看到过。

母亲对王维说："你安排做些好吃热乎的饭食，我和你师母到我的房子里说话去。"然后对那个女孩说："你叫什么名字？"女孩声音低低地回答："李贫，您喊我贫儿吧。""好，贫儿，你在这里和摩诘哥哥说说话吧。"又对王维说，"喊你的妹妹们过来照顾一下贫儿。"老姐俩就出去了。

母亲和师母出去后，王维问贫儿："师叔怎么了？"

贫儿说："父亲十天前突然病故，临终前对妈妈说'带着贫儿去蒲东找摩诘'。这样，妈妈就带着我来了。"

王维的泪水也涌了出来，但还是镇定地问："你几岁了？"

"八岁。"

这时王维的两个妹妹来了，王维说："这是李师叔家的贫儿，也是你们的姐姐，李师叔突然辞世，你们要好好照顾贫儿姐姐。"三个小姐妹拉着手，到妹妹的房子里去了，王维闭紧嘴唇抽泣了起来。

晚饭时，母亲破例和全家人一起吃饭，贫儿母女也在一起。母亲对着王维也是对全家说："维儿，我留你师母在咱们家住几天，我们姐俩也说说话儿，贫儿今后就住在咱家了。从今天起，贫儿就是咱家的一口人。"王维点头说："听母亲的安排。"

晚饭接近吃完的时候，母亲又对着王维说话了："有一件事，本来是想过几年再跟你说的，但是，你师叔突然病故，就早点对你说明吧。在你五岁的时候，你的父亲和你师叔就定下了你和贫儿的婚事，但是怕影响你读书参加科举考试，就决定等你考完后，不管考中考不中，都会告诉你，再让你们完婚。现在，你师叔不在了，你师母要回到师叔的老家去照顾婆母，贫儿就留在咱们家了。你继续好好读书，准备科举，我希望你考上解元后，再让你们完婚。维儿，你认为可以吗？"

王维深深地看了母亲，又看一眼贫儿，对母亲说："儿子记住了。考上解元才能完婚。"

母亲说："好。"又对贫儿说："你就和两个妹妹一起住，一起玩儿，没事就不要到摩诘哥哥的房子里打扰他读书。"

贫儿点着头说："伯母，我记得了。"

冬去春来，光阴如梭，转眼四年就过去了。

贫儿完全成了王维家的一口人，平时除了和两个妹妹一起玩耍、读书，还帮着做一些家务，尤其是经常去母亲房间陪母亲一起抄佛经。王维看着，心里很高兴，但是在表面上却一丝一毫也不流露。

这一年的春天，王维刚过完十五周岁。王维对母亲说："我想去长安看看，一边游学，一边探听一下科举考试的情况。母亲，您看行吗？"母亲说："你不想着去，我也会催着你去的。你十五岁虽然不小了，但是，你一个人去我还是不放心，缙儿和你一起去吧，让王蛰跟着你们，一路上也好有个照应。到长安要去拜望一下王家、崔家的长辈族人，再去看你的吴师傅。"王维说："好的，请母亲放心。我和弟弟现在就做些准备，让王蛰整理行装，这几天就走。"

三个人两头小毛驴，少许行李，奔向长安。

王维是个"宅男"，无论在祁县还是在蒲东，他都很少出门，他的风景在书里，在前人的诗歌里，在自己的感受里。就连家门口的鹳雀楼，他都没有登上去过，只是远远地张望过一次，可是他对王之涣的那首诗却是记得的。那次在鹳雀楼下，弟弟王缙说："哥哥，咱们也上楼去看看，也许你能写出比王之涣更好的诗。"王维说："王之涣能写出'更上一层楼'，是因为他已经登上了一个比较高的楼层了，而我还是一个学子，是站在平地上的草民，还没有登过任何高于平地的楼，没资格说'更上一层楼'，所以，就站在这里仰望一下高楼吧。"

这一次去长安，就是王维准备登上高于平地楼层的开始。

王维知道，长安是诗歌的长安，无论政治、军事和经济都离不开诗歌。所以，他做好了用诗歌敲开长安大门的准备。

过了临潼，进入骊山的北坡。王维抬头看着这座被历代神化了的山，并没有觉得怎样的出奇。至于帝王将相、神女妖姬们发生在这里的故事，有值得借鉴的，也有一笑了之的。不过，秦始皇的陵墓一定要去看看，这是华夏历史上第一个胸怀天下的人，让整个族群形成了天下一统方为安定的思想。

秦始皇陵墓，南依骊山，北面渭水，恢宏庞大。不过已经是杂树野草丛生，掩盖了秦始皇生前的威仪。王维绕着这座巨大的陵墓走了一圈，看到了一些塌陷的地方。王维心想：这是当年楚霸王项羽盗墓的洞口？还是后来的小毛贼挖的生财之洞？唉，生前之威，无奈死后之颓。

看过秦始皇陵墓，他们继续赶路。王维在心里却在构思一首诗。

过秦始皇墓

古墓成苍岭，幽宫象紫台。

星辰七曜隔，河汉九泉开。

有海人宁渡，无春雁不回。

更闻松韵切，疑是大夫哀。

这是王维进长安的第一块"敲门砖"。

王缙抄写了几份在裁好的绢上，到长安时备用。

我偷偷地把这首五言律诗，翻译成现代白话诗，尽管，把古诗、近体格律诗翻译成现代白话诗是一件愚蠢的事儿，但是，我还是忍不住要把这首诗翻译一下，目的是要了解王维当时的心境。当然，我翻译后的现代诗不能让王维看到。

这座高高的古墓已经是野草的家园，
那座华贵的宫殿也只能埋在幽暗的地下。
可怜墓穴顶上镶嵌的那些大珍珠，
并不是日月星辰和金木水火土五星。
墓底的水银不会成为江河湖海，
做出江河湖海的样子不能渡人，
就像地下没有春天大雁不会飞来。
墓旁的松树被风吹得发出凄厉的叫声，
你在泰山封的大夫松此时也在哀号。

这就是王维，十五岁的王维，也是终其一生的王维。委婉、含蓄地表达着自己的观点，即使是讥讽、抨击，也不激烈、不热血贲张。王维的一生都是这样，不在高声部，也不在低音区，用自己的涵养，控制自己的激越，像是娓娓道来，却是逻辑严密，内涵丰富，很少有杀机四伏的状态。

进了长安城，已是傍晚，王维对王蛰说："咱们先找个吃饭的地方，也该喂喂这两头驴了。吃饱了再去找住所。"王蛰说："少爷，你想住在什么方位，咱们就去什么地方吃饭，然后就在那个附近找房子。"王维想了一下，说："不要距离皇宫太远。""好。"

他们一行来到皇宫南边不远的一个酒家，抬头看酒家的名字叫：长安客酒家。王维和王缙径直走了进去，王蛰把行李卸下来，喊店小二来帮忙拿进酒家里。随后，放开两头驴，这两头驴就势躺倒在地上打滚儿，滚了一会儿，王蛰把它们交给店小二，说："牵到后面喂上吧。"自己也走了进去。

王维和王缙上了二楼，王蛰坐在一楼自己吃。

一个店小二走上楼来问："二位吃点什么？"王维看了一眼王缙，王缙说："三碗麻肉，三碗扯面，给楼下那位伙计各一碗。这桌再来一盘卤煮牛肉。""好嘞。"店小二刚要转身，王缙又说："等等，再来两壶新丰酒，要清酒，送这桌来。""好嘞。"

王维看着弟弟说："你怎么想喝酒了？"王缙："在家时，不好让母亲看着咱俩喝酒，到长安了，咱们要喝点儿。再说，一会儿王蛰去找房子，咱俩就在这喝酒等了。"王维说："你想得倒是很周全。"

哥俩吃着喝着聊着，王蛰走上来说："少爷，我到附近找房，一会儿来接你们。"王维说："去吧，不要和房东斤斤计较。"王蛰点头说："大少爷，您放心。您的要求我都知道，要祥和、安静。"

两壶酒喝完了，王蛰还没回来，王缙说："咱们再喝一壶吧。"王维说："你喝吧，我看着你喝。"王缙喊："再加一壶酒！"王维看着对面已经有很多题诗的墙壁，王缙说："哥，你也给他们题首诗吧。"王维说："我还没有在这里题诗的身份，不能题。"然后对王缙说："你看，墙上题诗的人，有陈子昂、王勃、卢纶、骆宾王，杜审言，这些人，都是名满天下的前辈。"这时，一个人和店小二一起走了上来，店小二把酒放在桌子上说："二位，这是我们少掌柜，听到二位的口音有点像蒲东的，就来和你们聊几句。"王维起身拱手致礼，这位少掌柜赶紧还礼。少掌柜说："二位可是蒲东人。"王缙说："是呀。难不成少掌柜也是蒲东人？"少掌柜说："我八岁随父亲从蒲东来到长安，至今没回蒲东，心里想啊。所以听到你们有蒲东口音，就忍不住来和你们说几句话。不打扰吧？"王维说："不打扰，不打扰。我们是第一次来长安，不想就遇到乡亲了。真是幸会。"

少掌柜问了几句蒲东现在的情况，又各自通报了姓名，少掌柜就离开了，走的时候，对王维哥俩说："你们任何时候都可以来我这里吃喝，一个人可以来，有朋友更可以来；有钱时来，没钱时还可以来。今天最后这壶酒算我请客了。"王维哥俩起身道谢。

王蚝回来了，房子已经租好了。王缙结账后，就拿着行李，牵着驴走了。少掌柜送到酒家门口，不断地挥手。

房子还不错，三间正房，两间东厢房，周边的环境也很幽静。王维很满意。

王维进屋，对王缙和王蚝说："咱们收拾一下房间，整理下衣物，今晚不出去了，这些天旅途劳顿也累了，好好休息。"

一夜无话。

王蛰把早饭端上来，三个人低头吃。吃完，王维说："咱们一会儿先去拜望几位族里的前辈，把母亲的问候带到，然后去大雁塔看看吧。"王缙说："听你的。"

所谓族里的前辈，其实只是同宗的前辈，平时没有多少来往，但是，王维到长安了去拜望，一是礼节不失，二是一旦有什么不方便的时候，也好求援。王家和崔家，在长安只有三家，而且住得又很近，中午时分，他们就都看望过了。

又来到长安客酒家吃饭，只是没喝酒。王缙特喜欢吃麻肉，并说这家的麻肉做得很正宗。

他们走到大雁塔时，太阳已经偏西。

大雁塔在慈恩寺的院子里，他们先把慈恩寺看了一圈，王维问王缙："你说玄奘一人一马跋涉十七年去那烂陀寺取佛家经卷回长安，是不是就为了让皇上给他建这座慈恩寺？"王缙说："他把佛教经典带回唐朝，给大众取回了心理寄托，安抚了那么多焦躁的人，值得给他建这座寺庙。"王维点了点头："嗯，我弟弟已经是大人的思维了。"王缙不服气地说："哥，你才比我大一岁。"

他们走到大雁塔前。王维仔细地看着大雁塔上那些考中进士之人的签名。王缙说："哥，等你考中进士的时候，就把名字签到这个地方。"说着把手指在塔身中间靠上的位置。王维笑着说："我会签到这里。"王维指着塔身的右下角。

回来的路上，王蚉买了些粮食和肉、菜、佐料等，晚上，王蚉进厨房生火做饭，三个人围坐一起，热热乎乎地边吃边聊。

月亮升起来，到了头顶，一群星星洒满天空。

王维抬头看了看天空，说："明天是个好天气，我们去看望吴师父。"

王维轻轻地敲了几下门，门开了，出来一个小童。王维不认识他，他也不认识王维。小童问："你们找谁？"王维说："我是吴师父的弟子，叫王摩诘。麻烦你去通禀吴师父。"小童说："师傅没在家，去长佑寺画画了。"王维一听师父去画画了，马上问："你能告诉我长佑寺在哪儿吗？"小童告诉王维，不远，如此如此这般这般地走，就到了。

来到长佑寺，一个小沙弥拦住了他们，说："三位留步，实在对不住，今天寺院内部有事，不对香客们开放，请各位明天再来。"王维走上前一步说："小师父，我是吴师父的弟子，我叫王摩诘，是来找吴师父的。"小沙弥双手合十鞠了一礼，说："三位请稍等，待我去禀报。"

一会儿，一个大和尚带着刚才那位小沙弥出来了，先施礼，然后问："哪位是王摩诘？"王维说："我是。"大和尚说："吴师傅有请各位。"三个人来到一个大殿，看到吴师傅正在墙壁上画画。侧着脸说："摩诘，什么时候来长安的。"王维说："师父，弟子前天晚上到的。今天是您家一个小童告诉我来这里找您的。""哈，原来那个书童，家里有事，回老家了，这个小童是新来的，所以你不认识。你们先坐，喝茶，我画完这几笔，就来和你们说话。"王维说："我就是来看您作画的，他们喝茶，我来给您端着色盘。"王维接过色盘，就站在师父身旁看。

把一个小局部画完，吴师傅说："来，咱们坐下说话。"大家都坐下了，吴师傅喝了一口茶，和王缙、王蛰打了招呼，又问了问来长安的情况，就指着王维对大和尚说："这个就是我跟你们说过的王摩诘，少年聪慧，多才多艺。他画的壁画，不比我差。"

大和尚对王维说："吴师傅常在我们面前夸你，今天你来了正好，偏殿还有一面墙空着，不知摩诘先生是否肯给我们画上一幅，为我们长佑寺增光添色。"吴师傅说："没问题。摩诘去画。"然后对大和尚说："他们刚到长安，租住了房子，摩诘作画，你们可要给些酬劳啊，也算是资助他们生活了。"大和尚说："那是当然，那是当然。只是别嫌少就行。"王维说："酬劳不重要，就怕把寺院的墙弄脏了，还得费力气涂白。"吴师傅和大和尚都笑了起来。吴师傅说："摩诘确实是我学生，可是，他的谦虚却不是我传授的。我是非我莫属舍我其谁，他是自谦地后退。"大和尚说："你们师徒二人，虽然表达方式不一样，可是，我看出来了，您和摩诘是因为过于自信才舍我其谁或谦虚的。都是自信，都是自信啊。"

王维到一个偏殿去作壁画，王缙和王蛰跟着。

吴师傅画完这面大壁画后，就来到偏殿看王维。王维画了一座楼阁，楼阁下是一条大河，远处的群山上一轮火一样的夕阳，把河水和大地映红，楼阁上站着一个书生，似在举目远望，捻须吟哦。

吴师傅看了画面，就问："摩诘，画的是王之涣吗？"王维说："师父，弟子没见过王之涣先生，我只读了他的诗《登鹳雀楼》，刚才拿起画笔就想起这首诗了，还有，我从蒲东来，蒲东被诗人描绘最多的就是鹳雀楼了。所以，就画成这样，师父，您看还有什么地方不妥，请指点我。"吴师傅说："整体气韵很好，布局既规整又有你个人的特点，人物也很传神。这就画完了吗？""师父，还没画完呢，还要把细部再完善完善。"吴师傅露出会心的笑："好，好啊。我到大殿去喝茶等你。"

王维画完来到大殿，先到师父的画前看，端详了一会儿，又端详了一会儿。回头看着师父说："师父，您这是画完了吗？"吴师傅哈哈大笑起来，对大和尚说："怎么样？我没说错吧？摩诘过来一定会发现问题。"然后对王维说："你说说，这幅画有什么问题？"王维说："师父是在考我吗？""是啊！""这幅画，只开不合，活景没有呼应，右下角应该有一个山丘和一两棵树。"大和尚站起身说："果然是名师出高徒。刚才吴师傅就是这样说的，并且说一会儿摩诘要是看出来了，就让他补画。摩诘师傅，你就请吧。"王维愣了一下，说："我怎么敢在师父的画作上补笔？"吴师傅说："我故意留给你的。你就画吧。"听了师父的话，王维只好拿起画笔，把师父故意留给自己的部分画完。

大和尚看着王维把画作完，赞叹道："果然高徒，与吴师傅的画浑然一体，无法分辨。"吴师傅说："摩诘画画，并不是最擅长的，他写的诗，他弹的琴，那才叫绝呢。"说着问："最近写的诗带来没有，给大师傅留下几首。"王缙说："手边就有前天刚写的一首诗。"于是，王缙就把他手抄的《过秦始皇墓》拿出来给了大和尚。大和尚说："我稍后一定拜读，并且我会让小沙弥们抄写，分发给来寺院的香客们。"王维赶紧说："有劳，有劳。"

大家喝了一会儿茶，吴师傅说："这里不给酒喝，咱们走吧。"说着，起身就往外走。大和尚带着一个小沙弥过来，给吴师傅和王维各一小袋银子。王维说："师父，我是来学习的，我不能收。"吴师父说："拿着吧，这是一位义士资助的，也是专用的银子，你不拿，寺院也不好和那位义士交待。拿着，咱们喝酒去。"

和大和尚告别。师徒二人和王缙、王蛰走出寺院，又来到长安客酒家。

吴师傅是个说话朗声朗气、无酒不欢的人，王缙很喜欢他，就和吴师傅杯来盏去地喝了起来。王维偶尔喝一杯，大部分时间是看着他们喝。

少掌柜又上楼来了。手里拿着两壶酒，放到桌上说："老乡，我没打扰各位吧。"王维说："掌柜的，你坐下和我师父喝几杯吧。"然后又向吴师父介绍了少掌柜的一些情况。吴师傅说："长安城里的蒲东人很多，可见你和我这学生有缘啊。"少掌柜说："吴师傅，我认识您，您是长安城乃至大唐朝的第一号画师，没想到，我这位老乡是您的学生。"吴师傅说："过奖了。不过，我这个学生可比我有本事，他是诗书画乐样样精通，是真正的大才子。等哪天他考上进士，金榜题名时，你再想见他可就难了。"少掌柜睁大了眼睛看着王维，说："老乡，身上可有诗作？留在我这里，我会分发给来这里的诗人客人。长安城的诗人都来我这里喝酒的。"王缙马上拿出《过秦始皇墓》给他，并说："这里只有一首，待过几日，再来时，多给你留下些。"少掌柜接过写着诗的绢，静静地看了一会儿，说："好诗！好诗！"

酒足饭饱之后，王维三人先把吴师傅送回家，然后回到寓所，睡觉。

王维睡觉了，我却不想睡。呼叫王维：

& & ##*$*　　& & ##*$*　　& & ##*$*

王维穿着单薄宽大的长衫来了，问："你又有什么问题？"

我："你为什么不把王之涣的那首诗题在壁画上？"

王维："看到那幅画，想不到这首诗的人，我题上对他也没意义。看到这幅画就能想到这首诗的人，我还用题吗？"

说完，王维转身就走了。

第二章

连天凝黛色

吃过早饭，王缙对王维说："哥，我想到长安城四处转转。"王维说："你去吧。我在家读书，还要写几首诗。过几天，吴师父要带我去宁王府，让我多准备一些诗。"王缙说："嗯，我自己走，王蛰在家陪着你。"

王缙出去闲逛，王维回到屋里读书。

读了一个时辰的书，眼睛有些疲乏，王维走到院子里望天。望着，望着，突然想：天还是这片天，秦朝的天，汉朝的天，都是同一片，只是人物不同。唐朝之前，最伟大的朝代是汉朝，汉朝最让人羡慕的是那些青少年就为国出征的英雄。

想着，想着，一股诗情涌上心头，他立即折回屋里，提笔写下《少年行四首》。

少年行四首

新丰美酒斗十千，咸阳游侠多少年。

相逢意气为君饮，系马高楼垂柳边。

出身仕汉羽林郎，初随骠骑战渔阳。

孰知不向边庭苦，纵死犹闻侠骨香。

一身能擘两雕弧，虏骑千重只似无。
偏坐金鞍调白羽，纷纷射杀五单于。

汉家君臣欢宴终，高议云台论战功。
天子临轩赐侯印，将军佩出明光宫。

　　写完，放下笔，读了两遍。觉得还好。

　　王蛰这时走进来说："大少爷，吴师傅家的那个小童来了。"

　　王维说："请他进来。"

　　小童跟着王蛰进来对王维说："摩诘师兄，师傅让来通知你，后天午后到我家来，然后一起去宁王府。"王维一边答应："好啊。"一边看着小童问："师父已经收你为徒了？"小童说："是的。所以师傅让我喊你师兄。"王维一脸高兴地说："好，好，好。来坐下和师兄说说话吧。"小童说："不了，师兄，今天师傅还有些事让我去办，我改日再来。"说着向王维一拱手，转身走了，王蛰送到门外。

　　王维看着小师弟走了，心里很为师父高兴。吴师父一直是一个人，没有家眷，以前总是找个书童陪伴，可是，书童长大了就会走。这次收个小弟子，应该会陪伴师父到百年了。

　　晚上，王缙兴高采烈地回来。进门就喊："这长安城太大了，我今天刚走了一个角儿。"然后看着王维说："哥，你今天写了几首诗？要我给你抄吗？"

王维看着弟弟，笑着说："你还是好好休息，明天继续逛长安城吧。诗是写了几首，我自己誊抄，自己誊自己的诗，能掌握笔墨的节奏。"

王缙一斜眼睛："你是说我上次给你抄写的节奏不对？"

"那倒不是。我抄写一遍，也是发现问题的一遍，不合适的地方还可以改。你抄写只能依样画葫芦了。"

"哦，这么说，还好。"

哥俩斗了一会儿嘴，各自回房了。

第二天一早，王缙继续逛长安城，王维接着读书，傍晚时，拿出琵琶练了一会儿。

晚上，王缙回来问："哥，你明天做什么？"王维告诉弟弟，吴师父约他一起去宁王府赴宴。王缙说："哥，你多带几首诗，送给宁王，让宁王帮你宣扬宣扬。"王维笑了："不必那么急，宁王什么人都见过，我不能给他一种攀附的感觉。不过会带上几首，有机会就送给他，没机会就带回来。先把人做稳了再说。"王缙揶揄地说："你这不是少年老成，是温吞水。"王维说："我是什么，由我做主吧。"王缙又问："要我去吗？""你还是出去玩吧，第一次我一个人去，待宁王接受我并熟悉了，咱们再一起去。""好。其实，跟着你一点儿都不好玩，还得装作很懂规矩的样子。""睡觉去吧！"

一夜无话。

吃过午饭，王维拿出一套半新的长衫，穿在身上，喊王蛰：

"来看看我穿这身衣衫如何？"王蛰围着王维转了一圈，又上下看了看，说："大少爷，这衣衫并不出彩，但是穿在你的身上，就把你的才气、傲气体现出来了。"王维说："我有傲气吗？""大少爷，论为人、才华和聪慧，你都是同龄人里最好的，你应该有傲气啊！"王维说："好了，又拍马屁。我今天低着头走路，免得让别人看到我的傲气。"

王维来到吴师父家，刚要敲门，门就开了。小师弟探出脑袋喊："师兄，真是你来了呀。"王维愣了一下说："不是说好了，今天午后我来吗？"小师弟笑着说："不是说这个。是刚才师傅在屋里踱步，突然停下来对我说：'去开门，摩诘来了。'我说：'没听到敲门声啊？'师傅：'你把门打开，他就到了。'这不，我刚开门你就到了。你说咱师傅是不是有点神啊？"王维也笑了说："我还真没发现师父有这等神算的功夫。"

他们走进堂屋，吴师傅喊道："你们俩在说我什么坏话呢？"王维说："师父，谁敢说您坏话呀！刚才小师弟说您是神算。"吴师傅哈哈大笑起来，说："我在屋里散步，突然想到我们在长佑寺画的壁画，你画得真是好。然后就有一种感觉，你到门外了。"

王维坐定，小师弟给他倒上一杯茶。

吴师傅说："摩诘，你了解宁王吗？"王维说："不太清楚，只知道他把皇位让给了当今的皇帝。"吴师傅喝了一口茶，说："我给你讲讲宁王的事，你也好知道怎么和他打交道。你要参加科举，朝里没人推荐是不可能考中的。"王维点了点头，没言声。

吴师傅讲了起来：

"宁王现在叫李宪，本名李成器，是太上皇李旦的长子，当今皇上李隆基的长兄。他少年时，和你一样才气过人，精通音乐，你弹的琵琶，他也弹得好，还曾做过杨贵妃的音乐教师。高宗李治初期时，封他为永平郡王。后来李旦即位为帝，年仅6岁的他被立为皇太子。不久，武则天废唐建周，自称皇帝，李旦被降为皇嗣，李成器也相应地失去了皇太子之位降为皇孙。武则天退位后，中宗李显重新上台，专横跋扈的韦皇后却企图仿效武则天，临朝称制。韦皇后与安乐公主合谋毒杀了中宗，就在这时，李隆基率羽林军攻入宫中，杀死了韦皇后、安乐公主等人，李旦又重登帝位。

"李旦二次登基后，在确立继承人问题上犯了愁：按照宗法的嫡长制原则，应立长子李成器为太子，况且第一次登基已经明确宣布李成器为太子，但讨平韦氏之乱却多亏了三子李隆基，所以久久犹豫不定。李成器看出了父亲的心事后，对他说：'立太子这件事，是稳定天下的大事。和平时期肯定是要长子优先，但是，在国家有困难的时候，则应该立有功的人为太子。如果不这样，会让文武百官及天下百姓失望，所以，我冒死恳请父皇立三弟李隆基为太子。'

"李旦听了，仍犹豫不决。李成器就整日哭哭啼啼，见着李旦就重复立三弟为太子的话。李旦深深地为李成器的诚心让位之心所感动，最终，同意了他的请求。李隆基知道后，也恳请李旦'要立嫡长子为太子，我为父皇分忧是应该的'。就这样，兄弟两人再三谦让，由于李成器坚辞固让，最后才确立李隆基为皇太子。从此，李成器与李隆基的手足情深，留下了千古佳话。在李隆基被册封为太子时，就命人制造了一床大被和一个长枕，与李成器等诸兄弟同枕共眠。李旦知道后，心情非常喜悦。李隆基登基后，在兴庆宫的西面盖了一座楼房，题曰：'花萼相辉之楼'。是取自《诗经·小雅》中'常棣之华，鄂不韡韡。凡今之人，莫如兄弟'的典故，表示兄弟之间的和睦友好就像花和萼那样相依而生，不能分离。

"李隆基即位之初，太平公主欲加害李隆基。李成器与李隆基紧密配合，杀掉了太平公主及其重要党羽数十人，巩固了李隆基的统治。事后，晋封李成器为宋王，拜左卫大将军。但因要避李隆基生母昭成皇后窦氏之讳，把李成器改名为李宪，晋封为宁王。

"宁王虽然地位很高，但从不过问朝政，一心修身养性，弹琴、吹笛、画画，尤其擅长画马。兴庆池南华萼楼下的墙壁上有他画的《六马滚尘图》。

"怎么样，我把这个宁王介绍清楚了吧？"

王维说："师父讲得很清楚了，同时我也知道，为什么宁王要结交师父了？"吴师傅说："哦？你说说为什么？""因为他想跟师父学作画。"

"哈哈，有这么一点意思，但也不是全部。宁王这个人很好，愿意和文人雅士结交，也很爱喝酒，我主要是他的酒友。他说只有我的酒量才能陪得住他。摩诘，你记住，敢在众人面前大胆喝酒的人，尤其是官员，一般心里都很干净。"王维低着头说："师父，我喝酒很差，难道我的心里不干净？"吴师傅又笑起来："你是先天缺陷，先天缺陷。不过，面对放心的人，该喝就喝，别怕醉。在喝酒人面前，喝醉了不仅不丢人，还很荣耀嘞！"王维说："好吧，找个机会，我使劲喝一次，尝尝醉酒的滋味。""这就对了！"

吴师傅站起身来说："咱俩走吧，到宁王府喝好茶去。"然后又小声说："其实，我的茶，都是宁王给的。"

进了宁王府的院子，王维就发现满院的花草，可是院子的上空却被一张丝线编织的大网罩住，网扣上多处拴着小铜铃。心里狐疑，也不好问。吴师傅看出王维的疑惑了，就说："宁王爱养花草，可是小鸟常来破坏，宁王就用一张网把院子里的花草遮住，拴一些小铜铃，鸟落到网上，铜铃就会响，小鸟也就吓跑了。"王维："哦。宁王真是又善良又有智慧。"

进了客厅，宁王出来迎接，指着王维说："这个就是吴师傅的高徒王摩诘吧？欢迎，欢迎。"王维行鞠躬礼："宁王爷，摩诘打扰了。"宁王的笑声比吴师傅的笑声更响亮："哈哈，哪里有什么打扰！吴师傅在我面前夸你很多次了，我早就想见你这位少年才俊了。"王维说："师父夸弟子，是在鼓励弟子，在宁王面前夸弟子，是在说师父对我教育得好；宁王夸我，是被师父的自夸哄骗了。"宁王笑得更响了："哈哈哈，真是名师出高徒！有你师傅的风格，故作谦虚还带着幽默。不过，你长得这么白净、标致，还透着文气，在长安城可是要小心啊！"王维说："宁王爷，我从不惹是生非，不知道要小心什么？""嘿嘿，你师傅应该告诉你小心什么。"吴师傅说："摩诘已经十六岁了，不必小心，发生了什么，就接受什么。别让自己心里难受就好。"

王维用两刻钟的时间，把宁王府参观了一遍。心里暗忖：自从认识"豪华""奢侈"这四个字后，就没想过这四个字的内容是怎样的。今天，终于看到这四个字的内容了。

喝了一会儿茶，王维听着师傅和宁王东一句西一句地聊天，眼睛看着宁王座位背后的那幅壁画。画面是一片开阔的草原，草原上有星星点点的小花儿，一匹马悠闲地卧在草丛中，马的脊背上落着一只鸟，远山如影似雾。不用问，这幅壁画一定是宁王自己画的。

吴师傅注意到王维在看壁画，就扭头问："摩诘，这幅画怎么样？"王维腼腆地说："弟子才疏学浅，怎么敢多言。不过，从画面上看，作画的人一定是得到大自在的仙人。"吴师傅笑着指着宁王说："就是这位仙人画的。"王维说："今天进了宁王府后，就觉得这里像仙境，见了宁王爷后，更加认定宁王是真仙人啊！"宁王听了王维的恭维后哈哈哈地笑了起来，然后对吴师傅说："你说你的这个弟子老实，不会阿谀奉承，这几句话还不够阿谀奉承吗？"王维赶紧站起来说："宁王爷，我真不是阿谀奉承，是真实的感受。"吴师傅说话了："宁王，摩诘第一次见到这么大的宅院，这么尊贵的王爷，嘴甜了些也可以理解。再说，摩诘在长安，还要仰仗王爷照应嘛。"

一个管家模样的人走过来，对宁王说："王爷，宫里的餐食送来了，现在进餐吗？"宁王说："先摆上，酒也倒上，等岐王到了，我们就过来吃。"

话音刚落，就听到院里有人喊："我来了！"

岐王名叫李范，是唐玄宗李隆基和宁王李宪的四弟。

岐王和吴师傅是相熟的，王维给岐王施礼。岐王盯着王维仔细地看了一会儿，把王维看得脸红红地低下了头。岐王说："嗯，小伙子长得太俊了，不错，现在很难见到一个会脸红的小伙子了。吴师傅，你的高徒看上去确实不错。"吴师傅对着岐王拱手说："师傅很平常，就一酒徒而已，这个弟子确实很好的。"大家笑着走到餐厅。

桌面上菜肴有多丰富，王维是无法形容的，好在刚才参观宁王府时心里已经有了准备，不会对这些像非人间的饮食惊讶。

这些菜肴都是皇宫里送来的，是玄宗皇帝送来的。

后来吴师傅告诉王维："皇上一直感念大哥宁王当年的让位以及现在不对朝政说任何话，对权力不过问的态度，就在物质上使劲弥补。有什么好东西都要给宁王送过去一份，御膳房做出好吃的菜肴，都要给他大哥宁王送一份。宁王家里摆宴席，大部分都是让宫里御膳房做好了送来。"

宁王、岐王、吴师傅三个人一杯接一杯地喝酒，王维跟着小口抿，不敢多喝。王维知道，自己的身份没资格多喝，还知道自己来宁王府，是有求于人的。

大家喝得面赤耳热时，岐王说："摩诘，听说你诗书画琴，样样精通。现在是否给我们来一曲琵琶？"王维赶紧站立来说："王爷，您别取笑我。我仅是个学生而已，哪敢在王爷们面前献丑。"吴师傅说："哎——弹一曲，有什么弹得不好的地方，可以让二位王爷给你指点指点嘛。"听到师父这样说，王维也不敢再扭捏了。

仆人送来琵琶，王维离席坐在餐桌对面，试了试弦的音准，然后，调整了一下呼吸，乐音轻轻地响起，像从遥远的地方传来，接着沉郁、迂回、诉说、抽泣……

二位王爷聚精会神地听，吴师傅得意地听。宁王用最低的声音对岐王说："四弟，这小伙子不得了，在咱们面前弹琴竟这样镇定，还能把这曲《汉宫秋月》演绎得如此传神。"岐王点了几下头，表示赞许。

曲终，王维站起身鞠躬，嘴里说道："摩诘献丑。让二位王爷见笑了。"宁王率先站起来，岐王也跟着站了起来，吴师傅一看二位王爷站起来了，也只能跟着站起来。宁王夸赞说："摩诘，弹得好。这是我听到的最动人的《汉宫秋月》。过来，我要和你干一杯。"王维小跑着来到餐桌前，举起酒杯，接受宁王的邀请。

大家把杯中酒喝完，落座。

岐王突然问："摩诘，你为什么要弹《汉宫秋月》呢？"王维答："也没多想，这支曲子，昨天在家弹过一次。想着这支曲子熟，刚才就弹了。"岐王盯着王维的脸，说："摩诘，好像还有深意吧？我刚才看你弹琴的时候，神情完全沉浸在乐曲里，好像这支曲子不是在替宫女哭诉，而是你在向我们诉说你有委屈。"王维说:"岐王爷,您——"不等王维把话说出口,吴师傅就抢过话头:"我把摩诘带来,就是想借二位王爷的神威,助摩诘进士及第。"岐王说:"看看,还是吴师傅爽快!摩诘,这个事咱们从长计议,你不是还没参加京兆府试嘛,待考得解元后,咱们再说。"王维又深深鞠了一躬,说:"全凭二位王爷栽培。"宁王说:"这事儿,我不插手,我和皇上保证过,不参与朝廷的任何事。不过,四弟还是要协助一下哟。"岐王:"届时再议,现在喝酒。"

酒席快结束时,岐王说:"后天,我和宁王等几个人要去郊外打猎,摩诘不妨和我们一路走走。路上的风光也许能给你带来诗情。"王维说:"能和王爷们出游,不胜荣幸。不过,我不善打猎,我的弟弟王缙很喜欢,不知王爷是否允许我带着弟弟。"岐王说:"来呀。打猎还怕人多吗?"吴师傅接着说:"你和王缙一起来吧,王缙还能陪着二位王爷喝酒。我后天有其他的约会,就不跟你们去了。"岐王说:"吴师傅忙你的去。后天我们辰时出发。摩诘,带你弟弟早点来。"王维:"好,一定准时到。"

王维回到家里,王缙已经睡着了,估计又疯跑一天累了。

王维躺在床上,望着窗外的天空,沉思了一会儿:今天带去的诗稿,没机会呈给二位王爷,但是弹了琵琶也好,看二位王爷对我的态度,他们应该会帮我的。

王维看到天上有一颗星星对他眨眼睛,不,有很多颗星星在眨眼睛。王维想了想:它们是在对我做鬼脸,还是讥讽我今天卑躬屈膝拍马屁?我没有现出奴才相吧?

想了一会儿，就缓缓地睡了。

王维醒来时，已近中午。走出屋门，看到王缙在院里坐着，王维问："今天没出去？"王缙说："你昨晚是不是喝太多酒了？怎么睡到这个时候？我看你深睡不醒，就没出去，想等你醒了再走。""哦，是喝了几杯，不过，没喝醉。哪天，咱俩喝一次，试试我喝到多少杯才醉。"王缙笑了："酒量不是那样测试的。要看心情，看和你对饮的人。心情好，与你对饮的人好，酒量就会好，反之，就会很差。基础酒量是天生的，练不出来的。""那我的基础酒量是多少？""新丰酒十杯吧。""啊？那我昨晚大大超出十杯了。"

王维告诉弟弟明天陪二位王爷去打猎的事儿，王缙很高兴。"今天我不出去逛了，养足精神，明天去打猎。不过，好久没摸过弓箭了，我要去买一张弓，练练。"王维说："陪我吃了饭再走。"

王蛰把饭菜端来，哥俩吃完，王缙去买弓箭，王维回房读书。

把书摊开，却读不下去。脑袋里一直想着昨天在宁王府里的事儿：宁王说我白净、标致很危险，为什么？他为什么不先说我有才气再白净标致？而是把有才气放到白净、标致的后面？唉，天下人重色者多，好德者少啊！

王维想到了美女西施，像西施那样白净、标致的美人，虽然出身低微，但她的美貌也不可能长久地被遮蔽，总有一天会成为尊贵的人，只是时机早晚的事儿。低贱的人发现不了真正的美，只有那些有高贵情怀和深厚涵养的人，才能从一个人外表的美中挖掘出内在的品质之美。那些东施效颦的人，学得再像，也会露出内在的丑。

想着，想着，提笔就写了一首诗《西施咏》。

西施咏

艳色天下重，西施宁久微。

朝为越溪女，暮作吴宫妃。

贱日岂殊众？贵来方悟稀。

邀人傅脂粉，不自着罗衣。

君宠益娇态，君怜无是非。

当时浣纱伴，莫得同车归。

持谢邻家子，效颦安可希！

诗写完，王缙拎着弓箭回来了。

王维在房子里读书，王缙在院门板上画了圈儿当靶心，练习射箭。

晚饭时，王维对王缙说："今晚早些睡，明天早上辰时之前要到岐王府。"王缙答："你放心吧。我要带着这张弓吗？"王维说："你那张弓，就留着当玩具吧。"

天还没有完全放亮，王维和王缙就到了岐王府。岐王的家人迎他们进府。一进院子，就看到一面影壁墙，但不是人工垒砌的墙，而是一块石头，准确地说是一片墙。王维走近前，仔细看，发现是一大片云母石。王维围着这片云母石转了一圈，岐王就走过来了。"摩诘,对我这片云母石感兴趣吧?你看这片石的面上还很干净,等着有人写首诗,我找工匠雕刻上去。怎么样?你想不想为它写一首?"王维说:"我可以试着写一首诗,但是,岐王爷家的影壁墙,我的诗还没有资格相配。"岐王"嘿嘿嘿"了几声:"摩诘,我已经把你当朋友了,你不能总躲啊!你写,我看了好才会刻上去,写得不好,我也绝不会把这片云母石弄出伤疤。"王维说:"好的,王爷。"

五辆马车,十二匹马,在一众岐王府家丁的簇拥下,向南山进发。走到一个大路口,宁王府的人马已在等。两队人马会合后,一同进发。

岐王把王维拉到自己的车上,一路和王维聊天。问一些王维的家庭、读书、写诗、弹琴及画画等情况。岐王问得细,王维就细答,岐王问得粗,王维就粗答。

到达猎场,大家都下车。岐王指着南山说:"摩诘,那个山腰里有一座香积寺,云雾大的时候就隐身在山里,天晴无云了,才能看到。你想去看看吗?"王维顺着岐王的手指方向看过去,香积寺似有似无。就回答说:"今天不去看了,哪一日王爷想去看时,我陪着。"岐王说:"好吧。今天咱们打猎。"然后对家丁喊:"你们和宁王府的人去那边把猎物赶出来,我们在这边打。"

一群家丁骑着马跑过去了,这边宁王、岐王,还有王缙等都拈弓搭箭准备。

正午时,收获了二十几只兔子和一只狍子。

家丁里有一些是王府的厨师,他们就地生火,埋锅煮肉。

两位王爷喊着王维哥俩围坐在一起，倒上酒，又从车上拎出几个食盒，拿出一些熟食。宁王说："咱们慢慢喝着，等一会儿吃咱们的战果。"

王缙开始时是谨慎地敬二位王爷喝酒，慢慢地就放开了，就大声豪气地敬酒。二位王爷也喝得高兴。

就在喝得正酣的时候，岐王突然对王维说："摩诘，你一直不说话，是在思考怎么写香积寺吗？"王维略带羞涩地说："王爷，我是在思索香积寺。"岐王回头对着家丁们喊："去拿笔墨纸砚来！"王维愣愣地问："王爷出来打猎，怎么还带着文房？"岐王哈哈大笑，"我的车上，永远都备着酒肉和文房。"

两个家丁用手扯着纸，王维拿起笔，蘸饱墨，站起来，写下：

过香积寺

不知香积寺，数里入云峰。

古木无人径，深山何处钟。

泉声咽危石，日色冷青松。

薄暮空潭曲，安禅制毒龙。

二位王爷也站在王维身边看。王维写完，岐王说："好诗！全诗不写寺，而寺却已在其中，用山景来烘托寺庙的幽深。尤其'泉声咽危石，日色冷青松'一联，有奇巧，也精妙。好诗！好诗啊！来喝酒！"

王维和每个人喝干一杯酒。宁王说："摩诘的字也写得好。

这幅字归我了！"

又吃喝了一阵子，才收住。

打猎用了一个多时辰，喝酒用了两个多时辰。

回到长安城的时候，已经是傍晚。岐王拿出两只猎杀的兔子给王缙，说："小伙子，你今天喝得很好，以后还要再来我府上喝。这两只兔子，是咱们共同的战果，你拿回去和摩诘煮着吃。"

回到家里，王缙就对王维说："哥，你今天这首诗，写得真好！"王维说："岐王让我写，我不能不写。但我写的是我自己，借香积寺名字一用而已。"王缙："嗯，你的诗，好像都是这样写的吧。"

当晚，王维的梦中下雪了，在雪野里，一队军人在打猎，自己也穿着军装在打猎的队伍里。梦醒时，王维想了好一会儿，这是什么暗示？军装是什么？军队是什么？猎物又是什么？他学母亲盘腿在床上打坐，双手摊开手心朝天放在膝上，闭着眼，冥想。坐了一会儿，突然想写首诗，就下地，把灯点燃，铺纸、拿笔，写出了一首《观猎》。

连续几日，王缙接着逛长安城，王维读书、写诗、练琴。

忽一日，岐王府的家人来告诉王维，岐王请他明天晚上到王府参宴，并嘱咐多带些诗稿。王维谢过王府的家人。把近些日子写的诗抄了几份。

晚上，王缙回来，王维说了明日岐王府请赴宴及索要诗稿的事儿。王缙说："哥，这是好事呀，看来岐王真的喜欢你了，不！是真的愿意和你交朋友了。不过，你最近写的诗我都没看过，一会儿，给我看看。"

回到屋里，王维端坐着抄诗，王缙站在一旁看，看到新写的就拿过来细看。

题友人云母障子

君家云母障，时向野庭开。

自有山泉入，非因彩画来。

王缙看到这首《题友人云母障子》，说："这首诗写得好，有意境，还没拍岐王的马屁。"接着又看到《观猎》。

观　猎

风劲角弓鸣，将军猎渭城。

草枯鹰眼疾，雪尽马蹄轻。

忽过新丰市，还归细柳营。

回看射雕处，千里暮云平。

王缙说："这首《观猎》，我不喜欢。字、词、韵律太规矩了，还露出了你的野心。哦，应该叫志向。"王维听了，笑着说："其实这首诗，我是记录的梦境，稍作加工而已。暴露志向有什么不好？我来长安，本来就不是来游玩的，是要获得建功立业的资格。"王缙一撇嘴，说"好——我是来游玩的。"王维斜眼看了一眼弟弟："瞧你那小气鬼的样儿。"王缙嬉皮笑脸地走出去，回自己房间了。

　　王维到岐工府大门前，见大门开着，却为难起来。直接走进去显然不行，喊一声"我来了"也不对，可是，敞开的门应不应该敲呢？正犹豫间，院里出来一位门人，说："王公子来了，快请进，王爷在等你呢。"王维进到院里，回头又看了一眼敞开的大门。

　　岐王在客厅坐着，喝着茶，看到王维进屋，说："摩诘来了，快坐，喝茶。"王维坐定，岐王说："把你的诗稿拿来我看看。"王维又赶紧站起来，拿出抄好的一摞诗稿双手递过去，又单拿出一张诗稿来说："王爷，这是您那天说的，让我试着写您家的云母石影壁墙的诗。"岐王先看了这首《题友人云母障子》，看完一拍大腿，应声而喊："好！写得好！把一片石头升华到山野，变成一幅自然的画卷。摩诘，大才子啊！我要让工匠把这首诗镌刻在云母石上。"接着又一声不响地把一摞诗稿读完，半晌不语。喝了几口茶后，说："摩诘，我一定会帮你，帮你也是在帮我们大唐朝啊！"王维说："王爷偏爱了。"

　　这时门外又进来两个人。岐王依然喊他们坐下，然后指着王维介绍："这位少年就是王维，王摩诘。"又看着王维指着进来的两个人说："这个长着胡须的人叫王昌龄。"王维放大了瞳孔看了一眼王昌龄，心想：这是大诗人啊！岐王又指着另一位儒雅的人介绍说："这位是李龟年。"王维心头一喜，终于见到这位大音乐家了。岐王接着说："咱们边喝酒边聊天吧。"

　　四人围着餐桌坐稳，岐王举着酒杯说："今天请各位来，可不是来陪我喝酒的。第一是王昌龄准备到嵩山修道去，给他饯行，第二，是给你们介绍这位少年才俊王维。"王维面露羞赧地说："王爷，应该说是您给了我一个向二位学习的机会。"大家把杯中的酒喝干，坐下，王昌龄就说："王维真人今天第一次见，可他的诗我可是早就见了。《少年行》写得好，'相逢意气为君饮，系马高楼垂柳边。'有情怀，有气势。真不像是一个少年能写出来的。"王维站起来说："王兄谬夸了。你的'不教胡马度阴山''不破楼兰终不还'，才叫有情怀，有气势，而且还有英雄的胆魄。"岐王说："好了，好了，你们俩别互相夸，互相捧了，都是好诗人，都是大才子，都是我李范的朋友，都是我大唐的可用之材。"

李龟年坐着看两位诗人互抬，一声不吭。岐王说："李龟年，你要小心啊，这王摩诘的音乐也十分厉害的。我听他弹过一曲《汉宫秋月》，把我听入迷了。"李龟年用沉稳的男中音说："我也听到了关于王摩诘精通音乐的一些讯息，好啊。后生可畏，是正常的秩序嘛。"王维起身给李龟年施礼，说："前辈千万别听街传巷议，我就是一个学子，距成熟还早呢。"李龟年说："你时常在东市附近的一个院子里弹琴，琴声一响，门外就有人站着听。你可能不知道，我却知道。"王维一愣，心想：还有这等事儿？我真不知道啊。

四个人聊着诗歌、音乐，喝着酒，非常愉快。王昌龄站起来举着酒杯吟唱王维的诗，王维接着唱王昌龄的诗。岐王一拍桌子，说："咱们不要自己唱了，喊几个伶人来唱。她们唱，我们喝酒，多惬意呀！"随即让家人去找几个歌伎来。

地上有歌伎边唱边舞，席上四人边喝酒边喝彩。

这顿酒席从傍晚到午夜，岐王还没尽兴。最后，在李龟年的劝说下，才结束。

出王府大门，李龟年拉着王维的手说："摩诘，你是个好材料，作诗歌，作音乐都是好样的。找机会咱们再聚。"王维向李龟年致拱手礼。

王维拖着半醺的身体回到家，倒在床上就睡了。

我看到王维有八成的醉意，觉得此时与他对话，听到的一定更加真实。就呼叫他：

&& ##*$* && ##*$* && ##*$*

王维来了。

我："你是喜欢宁王、岐王，还是崇拜有强权、有势力的人？"

王维："我们唐朝有干谒之风，得到有权有势的人举荐，可以少走很多弯路。再说，我就是一个弱小的学子，内心还有些怯弱。人世间的规律是，越是怯弱的人，越喜欢靠近，甚至是崇拜有强权、有势力的人。"

我："你觉得，你和二位王爷是一路人吗？"

王维："应该是君子和而不同吧。不过，他们的为人挺好，尤其是对文化人更好。"说完，王维就闪身不见了。

第三章

白云无尽时

王昌龄来访，让王维无比兴奋。喊着王缙和王蛰备些好的酒菜。王昌龄说："我带着一些酒来。"王维说："兄长莫不是恐我买不起好酒给你喝？"王昌龄说："别多想啊，贤弟。我即日就去嵩山，家里原来存了些酒，又不能都带走，就拿来了。今天咱们喝不完的，你接着喝，喝时必然就想到我了。"大家都会心一笑。

王昌龄狠狠地赞扬了王维，并说："当今我朝，虽然是盛大，但是，有才学的人，能潜下心来做学问的人不多，宋之问之流的奸佞依然满目皆是。我虚长你几岁，见到的比你多些，所以来和你聊聊，你现在做事做人都很谨慎，但是你还没进入官场，今后，当你入朝为官时，处事要更加谨慎，皇上或权贵对文人好的时候，是觉得此时文人有用，觉得你无用时就会把你忘掉，如果你冒犯了他们，他们对你是绝对无情的。"王维认真听着，点头称是。

酒喝完，话未尽。王昌龄说："贤弟，我得走了，还有一些事要办。"他们就此作别。

王昌龄走了之后，王维心事重重，郁郁寡欢，回到屋里，在床上打坐。

　　夏天已接近尾声，一日，王缙说："哥，你现在在长安已经适应了，也有宁王、岐王和一些诗人、画家、琴家等朋友，我该回蒲东了。秋天来了，家里的事情一定很多，母亲一人恐支应不过来，我回去帮帮手。"王维说："我也想着这件事呢。你回去吧，王蛰要跟你一路走，你一个人走我不放心。我要等到参加完京兆府考试后再回。"王缙做着鬼脸说："你不给贫儿带些礼物？""去！贫儿就是一个妹妹。你要给母亲和弟弟妹妹们带些好吃的、好玩的回去才对。"王缙接着说："你画画赚的酬劳，已经被我用光了，家里带来银两的也所剩无几，你就别总端着架子了，再有请你去作画的就去，换些生活费不是丢自尊的事。"王维说："你放心吧，我会把自己照顾得很好。"

　　王缙和王蛰走后，王维几天没出门。岐王派人来邀请，王维也借故身体不适推辞了。

　　读书，写诗，练琴。就到了九月。

　　这一日是九月初九日"登高节"，王维晃晃悠悠来到长安客酒家。

　　进门，店小二就迎上前："王公子，好久不见了。请上楼就座，您还是一碗麻肉和一碗扯面？"王维点了点头，马上说："再来一壶酒。"王维走上二楼，发现自己常坐的位置，已经有人在坐，就在邻座坐下。麻肉、扯面还有一壶酒很快就送上来了。

　　王维自斟自酌。这时，少掌柜的手里端着一盘胡豆走了过来，坐到王维对面。"王公子怎么一个人来？弟弟回蒲东了？"王维"嗯"了一声。少掌柜说："我看您今天情绪不是很高，送您一盘胡豆，今天的酒我也送您，您就尽管喝。"王维看着少掌柜，觉得这个浦东老乡跟自己真的很亲，就说："掌柜的，弟弟回蒲东了，就剩我一个人在长安，今天又是九月九，所以情绪不高。让掌柜的见笑了。酒钱我还是要付的，再说，一壶酒足够让我有醉意。"少掌柜说："我说您怎么一个人来喝酒呢！如果，您不觉得我妨碍您，我就陪您坐一会儿，说说家乡话。"王维笑了："你要做生意，怎么好让你来陪我。""嗨，有那么多人在打理，用不着我的。"回头对店小二说："给我拿壶酒，再切一盘牛肉。"

两个人慢慢喝着酒，聊着蒲东的风物人情。王维说："今天是登高节，大人小孩都会去登山。登华山，不是登主峰，就华山西坡的一些小山包，华山周边地区的老百姓也来登山，四面八方的人聚在华山下，咱们在华山的东面，也被称作山东人。"少掌柜说："对，对，对。我在这里也常被他们称作山东人。""今天，我弟弟一定带着妹妹们在爬山，他是一个不愿在家闲待的人。尤其在这个日子。""您在想弟弟，您的弟弟肯定也在华山上想您啊。"

王维突然不说话了，闷头喝了几口酒，抬头看那面题诗的墙壁下的笔墨。少掌柜轻声低问："公子，要不要去题诗？"王维说："等我有资格的时候，一定去题。现在只能写在纸上，你让小二给我拿文房来。"店小二把笔墨纸砚拿来，王维就在餐桌上写下一首诗《九月九日忆山东兄弟》。

九月九日忆山东兄弟

独在异乡为异客，每逢佳节倍思亲。

遥知兄弟登高处，遍插茱萸少一人。

少掌柜站在王维身边，看着王维把诗写完，默诵一遍，立刻就流下了眼泪。"王公子，这不是您一个人的感受，是所有背井离乡人的感受啊！您的这首诗是我在这里看到的最能打动人心的诗啊！"少掌柜说话的声音越来越大，惊动了那位坐在王维常坐位置上的人。那个人走了过来，站在少掌柜的身边，把这首诗读完。对王维双手一抱拳，"你就是满长安城传颂的王维王摩诘啊，幸会，幸会！"王维看着这人，长得比自己魁梧，也比自己老成，但是眉目之间透着文气，心想：一定是又遇到一位诗人。王维马上还礼说："在下正是王维，请问尊兄是哪位？"这人说："我叫綦毋潜，字孝通，虔州人。也是来京参加科举考试的。平时也写点歪诗。"王维一听是綦毋潜，眼睛立刻就亮了起来："原来是孝通兄，你的大名我早就知道，仰慕已久啊，今天竟在这里相见。太好了，太好了。来，咱们一起坐，一起坐。"

少掌柜一听这位就是很有名的诗人綦毋潜，也来了精神儿，说："二位诗人，慢慢喝，慢慢聊，今天我请客，酒肉管够。"王维说："诶，怎么能让掌柜请客呢。"少掌柜说："你们不用付银子，我只想请求王公子一件事。"王维说："乡亲，你说什么事儿？"少掌柜眨了眨眼睛，说："我要用您今天这首诗中的语义，把我这酒家的名字改了。""哦？""改成'异乡客酒家'，您看如何？"綦毋潜没等王维回答，他先替王维答应了："好啊！再让摩诘亲笔题写。"王维一看，也没办法拒绝了。

王维拿起笔写下"异乡客酒家"五个字。綦毋潜看到少掌柜拿着这幅题字时兴奋的样子，就对少掌柜说："掌柜的，给酒家改名、题匾，还用了摩诘的诗，你得讲规矩。"少掌柜说："规矩我懂，但不知王公子润格多少？"綦毋潜看着王维，王维摇了摇头，说："别提润格的事儿，我和少掌柜是蒲东乡亲，哪里会要润格的。"綦毋潜说："摩诘是君子。这样吧，我做个中间人，掌柜的，摩诘不要你的银子，今后摩诘来吃喝，你也不要他的银子，如何？"少掌柜说："就这么定了。今后，王公子来本酒店吃喝费用全免，王公子带多少人来吃喝也全免。"綦毋潜拍着巴掌说："嗯，这才对嘛。恭喜二位各得所需。"然后对少掌柜说："你去忙你的去吧，我和摩诘聊一会儿。把酒菜供应足就行。"少掌柜说："好嘞！"拿着王维的题字高高兴兴地下楼了。

王维和綦毋潜越聊话越多，从诗歌到科举考试，从现实人生到未来畅想。喝着，聊着，就到了子夜。王维有些微醺，綦毋潜送王维回到家里，相约再聚。

一日，王维去看望吴师父。吴师傅说："摩诘，我正要去找你，你就来了。"王维问："师父，有什么事情吗？"吴师傅叹了一口气说："我带着你这个小师弟，去江南走走。也许一年半载，也许三年五年才回来。你好好读书，准备明年春天的京兆府考试。""哦。师父是遇到什么不开心的事了吗？这么匆匆地离开长安？""摩诘，我就是一个画家，不愿意和官员，尤其是朝廷发生太多的关系。走开一段时间，让自己清静一下。"王维似懂非懂地点了点头。

从吴师父家回来，王维闷闷不乐。三天没出自己的小院子。

綦毋潜来了，两个人聊了一会儿。綦毋潜说："咱们去洛阳走走如何？"王维想了一下，说："好啊。"随后两个人约定三天后出发，綦毋潜准备车马。

他们在洛阳只逗留了五天，就赶回了长安。王维准备京兆府试，綦毋潜准备进士科考试。

虽然在洛阳的时间不长，但王维得到一首诗:《洛阳女儿行》。

洛阳女儿行

洛阳女儿对门居，才可颜容十五馀。

良人玉勒乘骢马，侍女金盘脍鲤鱼。

画阁朱楼尽相望，红桃绿柳垂檐向。

罗帷送上七香车，宝扇迎归九华帐。

狂夫富贵在青春，意气骄奢剧季伦。

自怜碧玉亲教舞，不惜珊瑚持与人。

春窗曙灭九微火，九微片片飞花璎。

戏罢曾无理曲时，妆成只是熏香坐。

城中相识尽繁华，日夜经过赵李家。

谁怜越女颜如玉，贫贱江头自浣纱。

这首诗的题目，显然是源自南朝梁武帝萧衍《河中之水歌》"洛阳女儿名莫愁"，但内容完全不同。王维在这首诗中，把两个阶级的人对立起来，再和谐在诗中。

王维看着这首诗，喃喃自语道："去洛阳，总算收获一首诗嘛。"

岐王派家丁来请，王维跟着去了岐王府。宁王也在。

岐王问了王维准备京兆府试的情况，说："摩诘，我们相信你能把京兆府试的解元拿回来。今天不让你喝酒，只管吃。再把你最近写的诗留下，我安排他们唱。"宁王接着说："摩诘，现在长安城到处都在唱你的诗啊。尤其是《九月九日忆山东兄弟》，写得太感人了。"王维给二位王爷施礼，说："都是二位王爷在栽培我。"岐王说："不是我们栽培，是你的才情被长安城认可啊。你回去后认真读书，考试前，我们就不打扰你了。"

从岐王府回来后，王维去拜访了李龟年，李龟年的家人说："去洛阳了。"此后，王维再也没出门拜访什么人，只是偶尔到异乡客酒家去吃一碗牛肉扯面，解解馋。

冬天来临，长安城下了一场大雪。

大雪把王维的小院铺得白绒绒，王维坐在窗前看，觉得像一院子的白绒毯，很好看。他不想扫雪，就这么看着。院子里有一棵树，现在只剩枯枝，一群麻雀落在枯枝上叽叽喳喳，王维突然想：这场雪让麻雀们找不到食物了。于是，站起身，拿着扫帚在院子中央扫出一块空地，又抓了一把谷米撒在这块空地上，回到房间里看。开始是一只麻雀落下来，左顾右看，吃两粒谷米，又抬头警惕地看，树上的麻雀们看到这只麻雀没遇到危险，就轰地飞落下来低头吃起来。王维看着很开心。

此后，王维每天都抓一把谷米喂食麻雀，这也是王维读书、写诗累了的时候，唯一的消遣。

转眼春天就到了。王维参加京兆府试，如愿考中头名解元。京兆府的试题是《清如玉壶冰》，王维一看这题目，就想"玉壶冰"的出处应是鲍照的《代白头吟》，诗中有"直如朱丝绳，清如玉壶冰"，是告诉世人应有气节与风骨。于是，写了一首五言排律《赋得清如玉壶冰》。

赋得清如玉壶冰

藏冰玉壶里，冰水类方诸。

未共销丹日，还同照绮疏。

抱明中不隐，含净外疑虚。

气似庭霜积，光言砌月馀。

晓凌飞鹊镜，宵映聚萤书。

若向夫君比，清心尚不如。

王维在这首诗中，尽述"玉"的高贵与"冰"的清洁，进而把冰清玉洁喻为是可贵的人间真情。所谓诗情，不就是用诗中的物与象承载诗人的感情经历、人生观与审美趣味嘛。

王维这首排律，有效地传达了自己的情感，在看似轻言细语中蕴藏着坚定的个人价值观，耐咀嚼，耐回味；在咀嚼与回味中，可以唤起读者的个人情感经验和生活经验，具有很强的生成能力。考中头名解元，实至名归。

而綦毋潜考进士却落第了。他们又聚在异乡客酒家。

綦毋潜说："摩诘兄弟，这两天我就回老家，也许，过两年再回来考试。你要继续努力，考中进士。你如今在长安城是家喻户晓的大诗人，这对考中进士很重要。还有，你要多和岐王、宁王走动，没有他们的帮助，进士及第还是有难度的。"王维嗯嗯地回答着。

两个人又闲聊几句，綦毋潜随后走了，王维送到门外，一直挥手，直到看不见綦毋潜为止。

岐王、宁王设宴，庆贺王维考中头名解元。还喊来几个歌伎唱王维的诗。

王维被两个王爷劝喝了不少酒。当听到歌伎在唱《九月九日忆山东兄弟》时，王维抬起被酒染红的脸，对二位王爷说："我从蒲东出来已经快三年了，过几日，我要回家去看看母亲。不过，很快就会回来。准备进士科考试。"岐王说："应该回去看看母亲了。你怎么走啊？"王维说："我打听过了，有去蒲东经商的车队，给他们点儿银子，我跟着走就行"。岐王说："跟着他们走很辛苦，他们一路走走停停，会很慢。我给你备上一辆马车，和一个家丁送你回去。如果你在家的时间不长，就让他等着你，再把你接回来。我在蒲东也有些小事，顺便让这个家丁去处理一下。"王维说："那就太麻烦王爷了。"岐王："这算什么麻烦。我这里车马这么多，都闲在这里，送你算是办点儿正事了。你定下日期，我就让车马去接你。"王维想了一下，说："那就后天吧。我明天收拾一下东西。"岐王说："好。后天一早，去接你。"

岐王府的马车到了，王维拿着一包给母亲弟妹们准备的礼物，上车。坐到车上，发现有一大包东西在车上。赶车的家丁说："那是岐王给你的东西，说是给你母亲的礼物。"王维把手放在这包东西上，内心充满了温暖与感动。

车到黄河边，看到滩涂上有一群羊在吃草，放羊人坐在一块石头上唱歌："独在异乡为异客，每逢佳节倍思亲。遥知兄弟登高处，遍插茱萸少一人。"赶车的家丁说："王公子，不仅是长安城唱你的诗，这里也在唱啊！"王维的脸上飘过一丝得意。

终于到家了。王维站在家门口喊了一声："我回来了！"王缙先跑出来，说："我昨天还对母亲说你近日一定会回来，果然，今天就回来了。"弟弟妹妹们都出来了，贫儿跟在后面，略带含羞地看着王维。王维让弟弟把东西都卸下来，然后对赶车的家丁说："小哥儿，进屋吃了饭再走吧。"家丁说："不了，我还要去办岐王的事。你走的时候告诉我，我来接你一起回长安。"然后告诉王维了一个地址。王维说了几声谢谢。

家丁赶着马车走了，王维回到屋里，就去看母亲。

母亲坐在一个大蒲团上，一脸的高兴，看着王维说："摩诘，瘦了。但也长大了。你考中了解元，乡里的人都来贺喜了。"王维说："儿子这三年没能在您身边尽孝，还让母亲时常挂念，是儿子的罪过。"母亲说："你在为王家光宗耀祖啊，别说三年，三十年不回家，我也是高兴的。我挺好，弟弟妹妹们也都很好，贫儿每天除了做家务，就来陪我，是个好孩子啊。"这时王缙拿着很多东西走进来说："哥哥拿回来好多吃的用的。这是我挑了一些，放在母亲这里。"母亲问："摩诘，你怎么会有钱买这么多东西？"王维说："是岐王送给您的。"母亲："我听缙儿说，岐王、宁王都很喜欢你。看来，你很会处事了。我更放心了。你们出去跟弟弟妹妹们说话去吧。"王维和王缙走出母亲的房门，王缙说："哥，你也不单独给贫儿带个特别的礼物？她对母亲是真好啊！"王维说："都是妹妹，为什么要特别呢？"

弟弟妹妹们围在一起，吃着王维从长安带回的食物。王维挨个点评这个胖了，那个高了，到贫儿这里，王维说："贫儿长大了，已经是大姑娘的样子了。"贫儿低着头说："摩诘哥哥也长成大人了呀。"王缙一听两人的对话，马上说："当初母亲说过，待哥哥考中解元就让你们完婚的。我现在就去跟母亲说，让她老人家赶紧把哥哥和贫儿的婚事办了。这样，以后我们就喊嫂子，不喊贫儿了。"贫儿听到王缙的话，羞红着脸就出门去了，惹得大家一阵欢笑。王维说："你在贫儿面前说话正经点儿，别让人家总害羞。"弟弟妹妹们又笑出了声。王缙说："哥，你这就开始偏心了？"

贫儿来到母亲的屋里，平静地和母亲说着话，并没有把王缙的话学给母亲。王缙进来，看着贫儿说："哥哥刚才批评我了，以后我不再这样说话了。是不再当着你的面这样说话了。"母亲问："你又胡说些啥？"王缙看着贫儿，没开口。贫儿站起来，脸上带着红晕说："母亲，我去厨房帮着弄饭去了。"

母亲看到贫儿的样子，就知道王缙刚才说了什么。对王缙说："让你哥哥在家休息几天，还要去几个长辈家里拜望一下。他们的婚事，等过几天我和你哥哥商议一下再说。以后不许再在贫儿面前说这个事了，让人家害羞。"王缙嘻笑着走了。

大家围在一起吃饭，母亲也出来坐在大家中间。

一顿饭，满桌的欢声笑语。

母亲说："摩诘，你休息几天，然后去几个长辈家拜望一下。你考中头名解元，他们都替你高兴，也都来我这里道贺了。"王维说："我不累，明天我就去拜望。"母亲："也好。你能在家住多久？"王维说："住不了太久，我要回去准备明年的进士科考试。"母亲："好。我支持。"

王维拜望过几位长辈后，就对母亲说："您看我三日后回长安如何？"母亲说："你坐下，咱俩说说话。"王维坐在母亲身边，母亲说："这次再回长安，你准备和谁一起走？"王维："让王缙跟我走吧，他也要准备科举的课程了。"母亲说："我想让贫儿和你们一起走，她可以照顾好你们的饮食和洗洗涮涮、缝缝补补的事。你觉得行吗？"王维低着头，不回答。母亲接着说："我懂得你的意思，贫儿现在的身份，让你尴尬。如果，我把族里的长辈们请来，当众宣布你们完婚，咱们就不大操大办了，家里稍微布置一下，你们拜个天地，等你考中进士回来，再补办一场婚宴，如何？"王维说："我听母亲的。但是，您也要征求一下贫儿的意见。还有，怎么通知师母呢？"母亲："你师母走的时候就说过，把贫儿送来，什么时候完婚不用再告诉她了。贫儿嘛，早就等着你回来完婚了，不然，她在咱家的身份总是不明确，你弟弟妹妹们都不知道该怎么称呼她。已经十八岁了，总被弟弟妹妹们喊贫儿，也不妥当。"王维说："母亲做主吧。"

王蛰带着几个家人把餐厅布置成婚堂，给族里长辈们和少数几家邻居发喜帖。一时家里既喜庆又忙碌。

四桌席坐满，族里的长辈做证婚，王维和贫儿拜堂。拜天地、拜高堂，夫妻对拜时，王维发现贫儿有两眼湿润，似有隐情难言。

无人处，王维问贫儿："成婚你不高兴？"贫儿知道王维发现了她带着苦衷的情绪。就说："母亲让我和你一起去长安，我是多么高兴啊！可是，我们走了，王缙弟弟也走，其他弟弟妹妹们还小，家里就没有一个大人了，母亲由谁来照顾？我想留在家里照顾母亲，这次不跟你走。所以……"贫儿又哽咽了。王维轻轻地攥了攥贫儿的手。

客人们散去，王维和贫儿来到母亲的房间，双双跪地，贫儿说："母亲，我和摩诘已成婚，我是您的儿媳，也是您的女儿。我和摩诘已经商议过，摩诘这次去长安准备进士科考试，我就不跟他去了。他和缙弟弟一起可以互相照应，我要跟着去，还可能打扰摩诘读书，主要是家里的弟弟妹妹们还小，您身边不能没有人照顾，所以，这次我不跟着去，等摩诘进士及第，入朝做事时，咱一起去长安。"母亲听了贫儿的一番话，几乎落下泪来。说："那也好。让摩诘专心读书，只是苦了你。刚成婚就分开。"贫儿说：

"我现在是长房儿媳，更要尽心尽力地服侍您，还可以带着弟弟妹妹们生活，您一切安好，家里一切安好，摩诘就可以安心读书，考试，这就是帮摩诘分忧啊。母亲，就这样吧。三日之后，让摩诘和缙弟弟一起去长安。"母亲伸手把贫儿和摩诘拉起来，说："摩诘是个好儿子，但是，再好的儿子也不如一个好儿媳妇啊。贫儿不跟着去长安，让摩诘安心读书，很难得。摩诘，我们就等着你进士及第后，一起去长安。"王维说："母亲放心，儿子一定努力读书，不让母亲和贫儿失望。"母亲说："好了，你们回房吧，我也要休息了。"

王维和贫儿回到自己的婚房。

红烛亮了一夜，火苗闪动了一夜。

王维成婚，除了母亲高兴外，王维的弟弟妹妹更是高兴，从此贫儿成了嫂子，可以替母亲主持家务，不再事事都去请示母亲了。

三天的时间对新婚夫妇来说，实在是太短了。

在王维新婚的第三天晚上，红烛依然鲜亮，王维坐在桌前写下了《别弟妹二首》的诗。

别弟妹二首

两妹日成长，双鬟将及人。

已能持宝瑟，自解掩罗巾。

念昔别时小，未知疏与亲。

今来始离恨，拭泪方殷勤。

小弟更孩幼，归来不相识。

同居虽渐惯，见人犹未觅。

宛作越人语，殊甘水乡食。

别此最为难，泪尽有馀忆。

　　写完后，王维依然若有所思，贫儿走过来说："夫君在想什么？"王维说："我明天就要走了，把你留下在家，真有些舍不得。"贫儿说："夫君去考进士，是光宗耀祖的大事，不必牵挂我。我和母亲在家，会很好的，你不必担心。不过，你可以留些字迹在家，我平时可以看看，古人不是说见字如面嘛。"王维说："好，我写张字留给你。"贫儿研磨、铺纸，王维拿起笔，略加思索，写下一首王勃的诗《春园》："山泉两处晚，花柳一园春。还持千日醉，共作百年人。"写完，王维说："这是前辈诗人王勃的诗，留给你。"贫儿看了，说："夫君终不肯给我写首诗啊。"王维微笑着说："写在纸上的都是给别人看的，我给你的是不能给别人看的。"贫儿羞红着脸说："你也学着贫嘴。行了，不说写字写诗了，明天还要赶路，今晚早点儿睡吧。"

　　贫儿这一夜，也不知道自己是睡着了还是根本没睡。天还没大亮，就悄悄爬起来，到灶房给王维哥俩准备早饭。

　　早饭过后，王维和王缙先去跟母亲告别，听母亲的叮嘱。然后拿着要带的行李，上车，贫儿和弟弟妹妹们到门口相送。

　　王维看到贫儿的眼圈里含着泪。

王蛰和家人扛着两大袋谷米放到车上，还有一个小袋的谷米。两个大袋是给岐王、宁王的礼物，小袋的谷米是王维哥俩自己吃的。

母亲问王维该给二位王爷带点什么礼物？王维说："每家五斗谷米吧。咱家地里产的新米，也是代表母亲的心意了。"

马车启动，贫儿看着马车在路的尽头消失后，才回到母亲的房间。

马车一路颠簸摇晃，王维靠在装谷米的麻袋上，沉沉地睡着了。王缙从包裹里拿出一件厚一些的大长衫盖在王维的身上。

&＆ ##*$* ＆＆ ##*$* ＆＆ ##*$*

王维空降到我面前。

我："你写过那么多离别诗，看来你很在意生离死别这件事。"

王维："生离死别是人生的一部分，也就是诗歌的一部分。"

我："你和你的妻子经历过几次生离与最后的死别，你为什么一生没给妻子写过一首诗？"

王维："……大爱希声吧。"

第四章

泥灶化丹砂

马车过了黄河，王维就醒了。

王缙看着哥哥说："哥哥真是累了。其实，你应该在家和嫂子多团圆几天再走的。"王维说："岐王让他的马车在等咱们，咱们不能让人家等太久。还有，明年的进士科考试，若没有二位王爷的帮助，怕是难以如愿，早点回来，和二位王爷多接触接触，加深对我的认识，也许他们就心甘情愿地帮我了。"王缙："他们不是已经很欣赏你的才华了吗？""在官场，才华什么都不是。权贵提携与人际关系才是决定的因素。"

到了长安城，他们哥俩直接回到租住的小院，把自己的行李物品卸下来，把两大袋谷米留在车上，并告诉岐王家赶车的家丁："请把这两袋新谷米，转交给二位王爷，我们哥俩收拾一下房子，几日后，就去拜望王爷。"马车走了。

王缙进院里，看到自己画在门板上的当靶心的圈儿还在，暗自笑了一下。

王维说："咱俩从今天起，轮流煮饭。"王缙说："不用你煮饭，我全包了。你就好好读书吧。"王维说："书，肯定要读，但是，现在也没什么要必须读的书了，只是重复读读而已。"王缙说："你好自信呀！好吧，现在我就去灶房拾掇一下，然后给你煮饭。"
王维说："今天就不煮了，我们去异乡客酒家吃麻肉。明天买些肉、菜回来再煮吧。"王缙："异乡客酒家？"王维："哦，我还没告诉你，那个长安客酒家的名字，被我改成异乡客酒家了。""太好了，咱们走。"

哥俩酒足饭饱后，各自休息，不再对话。

三日后，王维哥俩去宁王府拜望，被宁王府的家人告知宁王在岐王府。他们又到岐王府，敲开门，进到大厅，就听到岐王说："摩诘，我们真是心灵相通啊！我刚才和大哥说'摩诘该来了'，你们就真的来了。快坐，快坐。"王维、王缙坐定，宁王对王维说："新谷米很香，谢谢！"岐王也赶紧说："就是很香，而且还很黏稠，很适合我的口味。"王维、王缙起身施礼："自家地里产的，算是土特产吧。就是请二位王爷尝尝鲜而已。"

喝了一会儿茶，聊了一些家常，岐王说："摩诘，我大哥宁王最近得到一幅画，叫《按乐图》，画面是一群乐工在演奏，但没有题跋，不知道画的内容是什么，他拿给我看，我也看不出什么子丑寅卯。你这个画师、乐师帮我们识别识别。"王维说："王爷过奖。不过，我可以欣赏欣赏。"岐王说："走，咱们到书房去看。"

画就摆在书案上。王维仔细地看，画面上每一个乐工的神态、姿态、弹弦手指的按品把位、吹管着手指按的孔位，思索了一下，心中已经有数了。对宁王说："宁王爷，您收这幅画的时候，原主人没跟您说这幅《按乐图》的来处吗？"宁王说：

"没有。我看了几遍看不出内容，才拿到四弟这，让他帮我看看；他也看不出内容的时候，我们就说摩诘一定能看出来。四弟说：摩诘该来了。这时，你们哥俩就进门了。"王维镇定地说："这幅画不凡。非一般画家所作，这个场景也不是普通人看得到的，截取的画面也是这个舞曲走向高潮的第一节，舞曲再往下就是激昂热烈了。"宁王一听，问："摩诘，你都能看出这些乐工在演奏哪支舞曲了？你一定要给我们说说，我们也开开眼。"王维说："这是当今皇上所作的舞曲《霓裳羽衣曲》的第三叠第一拍。"宁王和岐王互相对视了一眼，将信将疑。

此时心里"扑腾扑腾"跳的是王缙。王缙心想："我的哥呀，你拍马屁，也别把自己搭进去啊！这一张画你怎么就断定是《霓裳羽衣曲》的第几叠第几拍了？如果这两个王爷较起真来，该如何收场？"

宁王看着王维说："摩诘，要不咱们喊乐工来演奏一遍看看？"王维说："好啊！"岐王喊了一嗓子："叫咱们的乐工舞队过来！我要听《霓裳羽衣曲》。"不一会儿，乐工、舞队都来了。王维说："舞队就不用了，她们跳舞会遮挡我们的视线。"岐王一挥手："舞队回去。"

乐工们坐好了，王维清点着乐器：琵琶、筝、瑟、笙、管、笛、箫、锣、鼓、钟、钹、磬，乐工按照位置坐好后，王维对他们说："你们按正常的节拍演奏《霓裳羽衣曲》，当我喊停的时候，大家立即停止，但是，手还要放在乐器原来的位置不要动。该按哪儿拨哪根弦，手就停那根弦上，吹奏乐也一样，手指在哪个孔上就停在那儿，口型也不要动，锣、鼓、钟、钹、磬，也一样，记住了吗？"乐工们点头，表示明白了。王维觉得还不放心，就对岐王说："乐队平时没有指挥吗？"一个弹筝乐工说："平时演奏没有指挥，我们的指挥是宫里的乐队指挥。自家演奏时，都是我先起，大家跟着就是了。"王维看了一眼岐王，岐王点了点头。王维说："来，我今天给你们做一次指挥。"又对二位王爷说："二位王爷，你们把这幅画就摊开摆在面前的案几上，待我喊停的时候，咱们再对照。"

王维走到乐队面前，双手手心朝下抬起与肩接近平行，眼睛巡视各位乐工的准备情况，看到各位都准备到位，左手向弹筝的乐工一挥，筝的声音先起了，其他的乐器依次奏起。王维双脚站稳，双手做出各种姿态的舞动，《霓裳羽衣曲》就在岐王府里弥漫，在大家沉浸在乐曲中时，王维双手突然面向乐工一攥拳，高喊："停！"

乐工个个都僵直地不动了，王维回过头对二位王爷说："二位王爷，看看您的画面与现在乐工的样子是否一致。"

二位王爷看一眼画面，看一眼乐工此时的状态，看了几遍后，惊呼："摩诘，你真是个神人啊！"

王缙也悄悄站在二位王爷的身后，看一眼画面，再看一眼乐工的姿态，一模一样！心里一下就踏实了。同时，也为哥哥有这样的本事高兴。

岐王让乐工们退了下去，回过头双手紧紧抓着王维，看那样子，恨不得要把王维抱起来在地上转几圈。说："摩诘，你太不得了啦，绝对是我大唐的人才。"然后对家人喊："准备些好酒菜，我要和摩诘喝个痛快。"宁王也跟着说："摩诘，我今天算是彻底佩服你了。告诉你吧，这幅画我给皇上看过，他自己作的曲，他都没看出来。"

王维又腼腆了，低着头说："二位王爷，这支舞曲我看过多遍，在蒲东时也参加过演奏，因为我太熟悉这支曲子，所以能判断出画面的内容，并不是我有多大本事。"

二位王爷依然在说："了不得！了不得！"

大家坐着慢慢喝茶，准备上些菜来喝酒的时候，一个家丁进来贴着岐王的耳朵私语。岐王听完说："赶紧请进来。他来得正好。"

这时，一位衣着朴素、清瘦高挑的人走了进来。岐王起身迎接，来人施礼。岐王指着来人对王维说："这位就是大名鼎鼎的崔颢。"王维一听是崔颢，就睁大了眼睛带着惊喜地看着崔颢，同时，也站起身来，岐王又指着王维对崔颢说："这位是——"崔颢一摆手，"岐王，您不用介绍了，这位公子是名冠长安城的王维、王摩诘。"王维和崔颢互相施礼。王维说："您的大名才是如雷贯耳，我还是一个学子而已。"崔颢说："江湖传言，王维长得俊俏，一说话还要害羞，这一见，果然如此啊。"王维又介绍弟弟王缙给崔颢。

大家各自在位置上坐好，岐王对王维说："摩诘，崔颢跟我说过几次要和你约见，前一段时间，你回蒲东老家了。我告诉崔颢说，就这几日，一定会在我家见到。不承想，今天你们两个是不约而同地来了。"崔颢对王维说:"没有大诗人,怎么能叫大唐。摩诘是时下的大诗人,我当然要一睹尊容。还有,我家是'博陵崔氏',好像与你的母亲家是同宗。"王维说:"是。我的母亲家是'博陵崔氏'。"崔颢:"如此论起来,你是叫我表哥,还是喊我舅舅呢?"王维说:"真要按辈分排出你是舅舅,咱们倒不好交流了。还是用你的诗句比较好:'停船暂借问,或恐是同乡。'"崔颢说:"摩诘,真是聪明绝顶!"这时岐王把刚才看画及乐工演奏的事,叙述了一遍,更让崔颢敬佩不已。

崔颢也是一个爱喝酒的主儿,而王维今天却喝得格外谨慎。他知道崔颢是个有什么说什么的人,还爱发牢骚。尤其是在今天喝酒时说的话,很可能被他复述到下一个酒局中。酒桌上的话,人传人,就是讹传讹。王维不想给自己找麻烦,就让王缙陪着喝。

崔颢喝高兴了,就对岐王说:"王爷,你是喊几个唱曲的伶人来给我们唱几首,还是我站起来唱啊?"岐王说:"喊她们来。她们唱曲,我们喝酒,才对嘛。"然后一招手,片刻之后,几个伶人就来了。

乐起歌来,大家边听曲边喝酒,每个人的身体都东摇西摆。崔颢更是喜不自胜,还不断地跟着伶人的曲调哼哼。

几支曲子唱罢,岐王挥手说:"你们下去吧。我们要安静一会儿了。"待伶人们下去,岐王对大家说:"你们看崔公子有多投入,目不转睛地看着这几个唱曲的人。伶人再唱下去,我怕崔公子就要倒在地上了。"崔颢说:"王爷,这些伶人本来就是有两个功能,一个是悦耳,一个是赏目。如果只听不看,那岂不是付了全价才得到一半的好处？"大家哈哈大笑起来。岐王说："你今天得到的最多，要写首诗留下。"崔颢起身拱手说："王爷，崔颢遵命。"

书案抬来，笔墨纸砚备好，崔颢脱去长衫，光着胳膊，提笔舔墨，略一思考，写下：

岐王席观妓

二月春来半，宫中日渐长。

柳垂金屋暖，花发玉楼香。

拂匣先临镜，调笙更炙簧。

还将歌舞态，只拟奉君王。

岐王和宁王、王维、王缙都走到书案前，看这首诗。看了一会儿，谁也不说话。终于岐王忍不住了，问："崔公子，你这首诗是写刚才的伶人？"崔颢说："不是，是写——三国时曹操的伶人卢女。岐王、宁王，您千万别多想，就是写的卢女，不是写当朝的。"岐王说："这首诗，你不许再到其他地方写了，也别传播，很容易被人误读，让我皇兄看到了，他会不高兴的。"崔颢说："谢谢王爷提醒。"随后岐王命令家人，把这幅字拿走，放到书房里去。岐王又对王维说："摩诘，你也写一首。"王维说："我脑袋里是空的。王爷，今天就饶了我吧。"大家都会心一笑。

酒席散的时候，天已经黑下来。在岐王府门口，崔颢拉着王维的手说："摩诘，过几天，我要出去云游，你好好准备进士科考试，我过几年再来考。我这个人坐不住，读书不敢和你比。不过，四处游历，也有读书的功效。"王维说："你的聪慧是天下尽知的，你想什么时候考，什么时候的进士就是给你准备的。"崔颢说："你怎么学会说马屁话了。咱们诗人，可以用马屁话哄权贵们高兴，但是自己人不能互相说。"王维说："兄台见谅。我这话也不完全是恭维，如你这般才华的人，当朝也不是很多啊。"

两个人拱手，相约再聚，告别。

回家的路上，王缙问："哥，你怎么敢那样肯定那幅画是《霓裳羽衣曲》的某段某拍？"

王维笑着答："《霓裳羽衣曲》使用的乐器数量多，各种乐器都有，而且，每种乐器在什么位置都是固定的，所以，我看到画面就知道这是《霓裳羽衣曲》。至于是哪一叠的哪一拍，是我看到琵琶手按的那个位置和弹拨的那根弦，这首曲子，只有这一拍才会按到那个位置并拨那根弦。"王缙恍然大悟："哦，对了，你用琵琶常弹这首曲子，太熟悉了。"王维微微一笑。王缙又说："皇上这首曲子作得不错啊。"王维低声说："这首曲子是从天竺《婆罗门曲》套改加工而来的。不过，改编得很好。"

王缙又问："你觉得崔颢这人怎样？"

王维说："人很好，坦诚，义气，很有才华。不过，太直率了，很容易被奸佞之人陷害，在世上容易吃亏。"

"以后会和他来往吗？"

"会。但不会来往过密，不能把不喜欢他的人转到我们这里来。"

"他今天写的那首诗，是在影射当朝爱跳舞的娘娘杨——"

"嘘——有些事，知道了也是不知道，不知道的更要不知道。"

"这就是你今天不写诗的原因。"

"差不多吧。"

"将来，他有难，你会出手相救吗？"

"一定会。只要我有能力，会倾尽全力。一个好诗人受些苦难、遭些小人诬陷是正常的事，但是，好诗人遭受困厄时，若没有人伸援手搭救，这个世间就不正常了，也不会有真诗人了。"

半晌无声。

到了家里，王维对弟弟说："我看你今天没少喝酒，就早点休息吧。我再读一会书。"

王维坐到床上静默，并无所思，只想静静地坐一会儿。让自己是空的，天地也是空的。

天上有一弯月亮，月亮旁有很多星星，星星有明有暗，王维闭着眼睛不看，天就是空的；风在不大不小地刮着，一些物体被风吹动，发出响声，王维把耳朵关闭，风也不存在了。

连日来，王维静心读书、写诗，王缙安心煮饭、练习射箭，茶余饭罢，聊一些古今故事。哥俩把日子过得也是其乐融融。

王缙说："我看到了你新写的《桃源行》，明显是从陶渊明的《桃花源记》中演绎出来的，你为什么要写这样的诗？"王维答："陶翁我很喜欢，但我做不到像他那样。这首诗不过是欣赏他的桃花源，加上我的一些想法而已。当作练笔吧。"

一日傍晚，王缙说："哥，你好久没弹琵琶了吧。"王维说："那就现在弹吧。"王维把琵琶抱在怀里，就想起李师叔，想起李师叔教他的《霸王卸甲》。弹完，王维想：李师叔说《霸王卸甲》是从古曲《郁轮袍》改编的，那《郁轮袍》该是怎样的呢？想到这儿，他走进屋里，把秦末到汉朝初年的史料拿出来再读一遍。

天快黑时，岐王府的家丁来，告诉王维后天岐王要到南山游玩，希望王维哥俩一路同去，可能要在南山住几天。王维答应了，王缙高兴了。

王维哥俩来到岐王府，门口三辆马车已经在等。王维、王缙和岐王打过招呼，就上车出发。

一路走，哥俩一路停地赏风景，看古迹。在南山住了五天。王缙玩得很高兴，王维写了两首诗——《李陵咏》和《燕支行》。

岐王看了《李陵咏》后说："摩诘，不必为李陵申辩。在朝为官，任何一个人蒙冤受屈都是正常的。再说，李陵当时不蒙冤，怎么会有后来的将士奋勇。不过，你对李陵的看法，我还是认可的。"王维说："王爷，您是说正义是不存在的吗？"岐王诡谲地一笑："正义这东西，有时候在，有时候不在。"

从南山回来，王维继续安静地读书、写诗。一天，王缙到异乡客酒馆拎几个食盒回来给王维吃。王维说："你已经懒得给我煮饭了？"王缙回："我只会煮简单的饭菜，去异乡客酒馆拎食盒，是想给你吃点好的。"王维斜眼看着弟弟："是你想吃了吧？""嘿、嘿。"

安静了几天之后，宁王府派人来邀请去赴宴。

王维一边答应着，一边叹气。王缙问："你为什么叹气？"王维："嗨，他们是对咱们很好，但是更多的时候，是让咱们去给他们助兴。他们确实把我当朋友，可是我总感觉，我是他们身边的一个娱乐工具。"王缙说："真是这样吗？"王维说："你记住，皇族、王爷、三品以上的官员，不可能和平头百姓成为朋友，就像富人不会和穷人成为朋友一样。"王缙点了点头。

宁王府里高朋满座，原来是宁王的寿宴。

王维对宁王说："王爷，您的大寿，也不事先告知我们，我们也好给您准备些礼物。"宁王说："你是文人，就不要这些俗礼了。你来了，就是最好的礼物。"

酒宴开席，玄宗皇帝送的寿礼摆在中央，伶人们在玄宗皇帝的寿礼前，歌舞升平。众人边喝酒边赞美皇帝与宁王的情谊。

歌舞停止，宁王的家眷妻妾们出来敬酒。

一妻四妾站在众人面前先给宁王祝福，然后敬大家。五个人中四个人喜笑颜开，只有一个人面无表情，也不开口说话，傻傻地站着。

王维低声问岐王："那位不说话的人，也是宁王的夫人？"岐王小声说："她是大哥刚讨进门不到一年的妾。原本是大哥府门外一个卖烙饼男人的老婆，大哥看到这个女人长得标致有风韵，就给卖烙饼的男人一些银子，把这个女人讨回家，可是，自从进了王府，她就跟谁也不说话。"王维点头，表示明白了。

宁王看到这个小妾，在众人面前面如死灰，就指着她大声说："我对你哪点儿不好，你在众朋友面前吊着个死鬼的脸。"那个小妾看都不看宁王一眼，依然板着脸。宁王说："难道你还想着那个卖烙饼的男人？"岐王这时说话了："大哥，你派人把那个卖烙饼的男人喊来，让他们见一面，如果，她看到卖烙饼的男人还是一往情深，你就放她回去吧，免得你看着她板着脸不舒服。"宁王说："好。"

没多长时间，那个卖烙饼的男人走了进来，站在门口哆哆嗦嗦地流泪，这个小妾看着男人立刻泪如雨下，开口就说："你多还些银子给宁王，把我接走吧。"

大家一时都愣住了。岐王说："大哥，放她回去吧，成全他们夫妻。"宁王看到这幅光景，叹了口气说："嗨，没想到还有不喜欢荣华富贵的女人。好吧，你们回去吧。"然后对家丁说："把她屋里的东西都给她带着。"这个女人说话了："谢谢宁王近一年来的偏爱，民妇感恩不尽。现在我们回去继续卖烙饼，宁王给我的东西，我一件也不会要。宁王给我丈夫的银子，我们会尽快还给您。"

岐王站起来，走到女人身边说："我大哥喜欢你，是你的福分，现在让你回去是大哥的善心。你屋里的东西不带就不带吧，给你丈夫的银子就不必还了。回去好好过日子，有人敢欺负你们，还可以来找我大哥帮你们。好了，你们走吧，我们还要继续喝酒呢。"

这一对重新团圆的夫妻走了。在场的各位宾客都在为这件事唏嘘。岐王怕冷场,马上说:"让歌伎们再来唱两曲儿。"

王维此时的表情非常难看,他连续喝干几杯酒,又举着杯去敬宁王:"王爷,您今天做得好。凭您的身份和威望,想娶谁回家就能娶谁回家,但是,娶一个心不甘情不愿的人,也会给您带来不愉快。今天你放那位夫人回家,是与人方便也与己方便,为这事,我敬宁王三杯。"

这是王维有生以来喝得最多的一次,多得想主动唱歌、写诗。岐王看出王维有醉意了,就对王维说:"摩诘,要不你写首诗,让歌伎们现场唱一唱?"王维不假思索地说:"好,拿笔墨来。"

书案摆好,王维拿起笔就写下了《息夫人》。

息夫人

莫以今时宠,能忘旧日恩。

看花满眼泪,不共楚王言。

岐王看完诗,对王维说:"嗯,你这是讲了当年楚王娶息候夫人的故事啊。"王缙在一旁看到哥哥写了这样一首诗,顿时吓得浑身出汗,可是,又不敢在众人面前表现出恐惧来。

宁王看过之后,没有生气,反倒说:"摩诘,是我成全了你的这首诗啊。"说完自己就笑了。王维这时还在酒醉中,双脚已经站不稳,晃着脑袋说:"是王爷做了善事。我写的是春秋时期的事，不敢写王爷。"众人又笑了一通。

岐王对王缙说："你哥哥已经醉了，送他回家吧。"又对王府的人说："套上马车，送王公子回家。"

王维回到家，就睡了。第二天早上起来，问王缙昨天晚上在宁王府写诗的事儿，王缙一五一十地讲给他听。王维拍着脑袋说："这是酒后所为，很是后悔呀。不知是否得罪了宁王。"王缙说："当时看，宁王是没生气的。"

王维喝了一碗王缙煮的稀饭，情绪很低落，显然还在对昨晚写诗的事懊恼。王缙说："要么，一会儿咱俩去宁王府，给宁王道歉。"王维说："不妥。去道歉，就等于我昨晚是故意的，就此不再说了，本来就是酒醉所为，酒醒了，事情就过去了。相信宁王有这种容我一醉的襟怀。"王缙"嗯"了一声。

王维问："我昨晚写的诗，你记住了吗？"王缙说："记得。""你给我写下来吧，我再看看。"王缙把《息夫人》全诗写了下来，王维看了后说："不算很好，但也不差。写诗如果没有诗人对所描述事件的态度，还是诗人吗？这首诗收着，将来编诗集时收录进去。"

接下来的一段时间，王维读书、写诗、练琴、画画；王缙煮饭、射箭、游长安城，偶尔喝几杯小酒。

某一日，王缙说："哥，我不想煮饭了，咱们去异乡客酒家吃饭吧。"王维说："你又馋了？"王缙："就当是馋了吧。"

王维吃扯面，王缙喝着酒，吃着煮牛肉和胡豆。少掌柜来了，看着王维没喝酒，就问："大公子怎么不喝酒？"王维说：

"我本来就不爱喝酒，都是和朋友一起凑热闹时才喝一点。"少掌柜说："我还以为大公子听到什么消息，郁闷了，才不喝酒的呢。""什么消息？"少掌柜神秘兮兮地说："我听说明年进士考试，有一个人已经被确定了。"王维也紧张地问："你详细说说，是怎么回事儿？"少掌柜说："据说有一个张公子，托玉真公主摆平主考官，确定明年进士及第。"王维轻声说："玉真公主？皇上的同母妹妹？""是啊。皇上对这个妹妹宠爱有加，那几个王爷在皇上面前从不敢提政务上的事，只有玉真公主敢提敢管。"

王维没再说话，匆匆吃完回家了，把王缙一个人留在那里继续喝酒。

王缙回来后，又把打听到的消息向王维详细叙述了一遍，然后说："明天一定要去找二位王爷，让他们给你出面找玉真公主。"王维点点头。

第二天午饭后，王维就和王缙慢慢悠悠地往岐王府走。王维边走边想怎么和岐王说这件事，怎么能让岐王出面帮自己。

到了岐王府，大门关着。敲了一阵子，门人出来开门，见是王维哥俩，就说："王公子来了啊，请进吧。不过，王爷不在府里，出去会朋友了。"王维哥俩互相看了一眼，王维对门人说："那我们择日再来。谢谢小哥儿。"

哥俩慢慢悠悠往回走，王缙说："为什么不在岐王府里等？"王维说："门人一定会告诉岐王我们来过，如果岐王不在意，近日就不会派人来找咱们；如果岐王在意我们去过，一定会派人来请我们再去。"王缙跳着脚说："哎呀，读书太多，弯弯绕也多，简单的事都被你弄复杂了。嗨，急人啊！"

当晚，岐王府就来人请王维哥俩过去。

王维挑衅地看了一眼弟弟，王缙回王维一个鬼脸。

进了岐王府，岐王对王维说："我今天去一个富商朋友那里，这个家伙置办了一处大宅院，还修了祠堂，说是请我过去看看，其实是想让我请吴师傅给他家的祠堂画壁画。我说吴师傅不在长安城，他徒弟在，画得不比吴师傅差。他答应了。摩诘，哪天咱们去看看，你也赚些银子，给家里用。"王维说："谢谢王爷提携，但我现在还是白丁，要不得太多银子的，要得少了，我也不愿意耽误那么多工夫。"岐王："你是当今长安城的第一才子，怎么能是白丁？"王维说："王爷，这事我记得了，待我考中进士时，咱们再去办这事，如何？""嗯，好吧。你今天来找我是什么事儿？"王维说："我听说明年进士已经许人了，来问问您知道不。"岐王一愣："许人了？什么人许的？许给谁了？"王维就把在异乡客酒家听到的复述给岐王。岐王想了一下，说："有可能。我这个九妹很任性，皇兄也宠着她。不过，我认为你还有机会。九妹能答应别人，就不能答应我吗？"然后掰着手指算了算，说："五天后，你抄写二十首诗，带着琵琶来我这里，咱们一起去九妹那里。我就不信，那个张公子身后站着的人比我还厉害。"

五天，王维选出自己的二十首诗，抄了一遍又一遍，终于挑出一份比较满意的，放好。每天抱着琵琶弹熟悉的曲子。一次弹《霸王卸甲》弹错了，王缙在一旁听到后说："哥，这个《霸王卸甲》的曲调不一样，但更深沉，更动人。"王维说："是我弹错了。"猛然一想，弹错了？为什么不继续错？再大错一些，再把抒情部分加重一些，是不是就成了《郁轮袍》了？这么想着，就这么做了，根据自己的情绪，重新组合、编排了一套曲调，王缙在一旁边听边谈感受。

王维已经把玉真公主的经历、爱好、习性都打听了一遍。

玉真公主本名李元元，是太上皇李旦的第九个女儿，当今皇上的同母妹妹，母亲是窦德妃，被武则天所杀。

王维还不到十岁的时候，玉真公主就出家成为了"女道士"。唐朝的"女道士"很盛行，原因各异，特征相同。那就是：可以名正言顺地不嫁人，可以堂而皇之地接待"男朋友"。玉真公主出家，还有一个原因：不想成为政治牺牲品——与边疆少数民族"和婚"。

玉真公主生性傲慢，跟他当皇帝的三哥也敢吵吵闹闹。她有两大爱好，一是喜欢多才多艺的人，二是喜欢长得俊俏的小男生。当然了，玉真公主也是诗书画乐全都懂。

王维对玉真公主的了解，让他心里既自信又略带恐惧。不过，想夺进士，目前非见玉真公主不可。

王维一个人来到岐王府，岐王说："摩诘，你要听从我的安排。咱们这样做，这个事儿，准成。"王维说："放心，我一定配合王爷，把事做好。""好，你现在就换上乐工的衣服，跟我走。"

他们来到玉真公主府，客厅里已经有很多人，宁王也在，但是，宁王并没有和王维打招呼，像不认识一样。

玉真公主见到岐王，指着王维说："四哥，你身后站着的是什么人？"岐王说："九妹过生日，我特地找来一位弹琵琶的高手，一会儿给你添增一些喜悦。"玉真公主说："看来，你是觉得我这里的乐工水平不高啊。好吧，一会儿听听四哥找来的乐工能弹出怎样的仙乐。"

玉真公主的生日宴开席，王爷及一些人都坐在席上，王维和玉真公主府的乐工一起坐在外间，没吃没喝，候场。

王维看到玉真公主府的乐队里，有三个琵琶手。心想，玉真公主爱好音乐，估计现有的琵琶曲，她都听过了。我弹什么曲呢？嗨，到现场看氛围再说。

王维坐在外间，身边一个人也不熟悉，也不用打招呼、聊天，坐了一会儿，就迷迷糊糊地进入半睡眠状态。不知迷糊了多久，一个人用手摇晃他的肩头，说："岐王喊你进去呢。"王维赶紧抖擞一下神态，抱着琵琶，不紧不慢地跟着来人到了客厅。

满桌的人都看着他，玉真公主说："你是四哥找来的琵琶高手，你就给我们露一手，我们洗耳恭听了。"岐王说："九妹，你说话小声点儿，别把小伙子吓着。"玉真公主说："四哥，你府上弹琵琶的乐工，我见过，这个人不是你府上的吧？"岐王说："我把大唐朝会弹琵琶的人搜罗了一遍，才找到这位，你就静静地听吧。"然后对王维说："王乐师，把你最拿手的琵琶曲弹一个，给我九妹助兴。"王维躬身施礼："放心，王爷。"

王维坐稳，抱紧琵琶，听到桌上还有人在小声说话。王维右手故意轮出一个大弧度在琴弦上虚拂了一下，手指并没有触到弦，手却在离琴弦一寸远的地方悬停，大家都被这一动作吸引，静静地看王维的下一个动作。就在全体安静的一瞬间，王维右手突然对琴弦一扫，接着就是一个半轮指，琵琶的声音如雷声、风声，弥漫在所有人的耳际。

琵琶声进入了沉郁的倾述，继而高亢的呐喊，再接委婉的抒情。

王维的右手在琴弦上弹、挑、滚、勾、抹、扣、轮；左手在相品上揉、吟、推、挽、绰、注。

满桌的人看傻了，听傻了。直到王维弹完收式，起身施礼，竟没有一个人反应过来。静了一下后，全体才拍着巴掌叫好。

王维转身准备往外间走，玉真公主喊住了他："请问王乐师，这支曲子叫什么名字？这么好的曲子，我怎么没听到过？"王维不紧不慢地说："这个曲名，叫《郁轮袍》。是秦朝末年一位贤士所作，因贤士没有官身，也无名望，所以流传不够广泛。公主没听过，也就不奇怪了。"岐王这时对玉真公主说："九妹，你是行家，这曲琵琶弹得怎么样？""四哥，这是我听到的最好听的琵琶曲，是我见到的弹得最好的琵琶乐师。"岐王笑了："九妹说好，四哥我就没有白费功夫啊。不过，这位王公子，弹琵琶是偶尔玩玩，他更重要的身份是个诗人，是大诗人。"玉真公主大睁着眼睛看着王维，然后扭头对岐王说："把他的诗拿些来我看看。"岐王对王维一招手，王维从怀里掏出一叠诗稿，岐王立刻走过来接着诗稿，送给玉真公主。

　　玉真公主翻看着诗稿，看着看着就站起身来，走到岐王面前，严肃地问："四哥，这个王乐师究竟是谁？这些诗很多我都读过，我读的时候以为是古人写的，怎么是（指着王维）他？"岐王说："九妹，他的大名叫王维，字摩诘。是望族太原王氏的后人，他的祖父是本朝初年的协律郎，他父亲也在本朝为官，前些年因突发病症，逝于汾州司马的任上。王维九岁就能写诗，你看到了，能弹一手好琵琶，还是画画的高人，是吴师傅的亲传弟子。现在长安城里，王维的大名可是人人皆知啊。"

　　玉真公主转头对着宁王说："大哥，你曾说推荐一个大才子给我见，是这个王维吗？"宁王说："就是王维。他也是吴师傅推荐给我的。真是个大才子！""那为什么刚才没见你和王维打招呼？"宁王笑着说："我看见王公子跟着四弟进来，还穿着一身乐工的衣服，不知道四弟要搞什么把戏，所以，就装作不认识，等四弟把戏唱完。"大家哈哈哈笑了一阵，玉真公主说："赶紧给王公子换衣服，坐上来。"

　　王维换好衣服，坐到玉真公主的对面。玉真公主抬眼看着王维，凝神聚气地看着王维。不由自主地说："王公子眉清目秀，气象非凡，尤其是白里透红的脸蛋儿像柔软的粉团儿，真是可人。"王维听到玉真公主的夸赞，害羞地低下了头。玉真公主马上说："哎哟，还能害羞！真是难得。现在不要脸的男人满地都是，害羞的男人已经是孤品了。"岐王说："九妹，就别开王公子的玩笑了。他是书香门第的后生，家教很好，从不放浪，怎么禁得住你这般言词？"玉真公主说："好，好，好。"王维笑笑不言语。

　　酒席散后，宁王、岐王和王维留了下来，玉真公主说："说说，王公子有什么事找我？"岐王对王维说："摩诘，把你听到的事儿告诉我九妹。"王维就把在异乡客酒家听到的关于明年进士的事情，对玉真公主讲了一遍。玉真公主说："是有张公子这个事，我当时也答应了，但是我并没有和朝廷里的任何人打招呼。所以，这件事，等于我还没办理。王公子明年考进士的事，我现在答应，而且马上就办。你的才华我放心，不会让考官为难。"

　　王维起身鞠躬，口中千恩万谢。

　　玉真公主说："你不用谢我，你能让我的两个王爷哥哥都为你的事操心，估计大唐朝不会有第二个人了。"王维又施礼谢二位王爷。

　　玉真公主对二位王爷说："大哥、四哥，王维的事你们放心吧，只要他考试时发挥正常，就应该没问题了。"又对王维说："我想请你抽时间来我府上，教习我的乐工弹《郁轮袍》，他们会弹了，我就可以时常地听了。"王维说："可以，可以。我随叫随到。""好！"

　　王维回到家里，王缙赶紧凑到面前问："哥，怎么样了？玉真公主答应了吗？"王维拍着弟弟的肩膀说："答应了。不过，我也答应她了。""你答应她什么了？""教习她府上的乐工弹琵琶。""嗨，我还以为你答应她那个那个事儿了呢？""去！回屋睡觉去。尽是胡思乱想。""哥，不是我胡思乱想，玉真公主喜欢白面书生的事儿，全长安城都知道。"王维瞪了弟弟一眼，回屋了。

转眼秋天就来了。一阵接一阵的秋风，一场接一场的秋雨。

岐王来邀请他们去山里兜兜转转玩玩乐乐。王维哥俩应邀而去。

岐王要王维和他同乘一辆车。坐在车上，岐王说："九妹最近性情变得温和了许多，一定是受到了你的熏陶。"王维脸红了一瞬，然后镇定地说："哪里呀，王爷。我去了几趟公主府，给乐工教习琵琶，公主都是坐在一边听。不过，我也发觉，公主说话的时候，没那么大声豪气了。""近朱者赤嘛。"

到了一处山庄，这里是岐王的另一处宅院。背靠大山，面朝一个大湖，湖的一边是树林，另一边是农田。

几个人四处游走闲逛，傍晚时，岐王就张罗着喝酒。王维不喝，岐王贴着王维的耳朵小声说："九妹告诉我，说你喝酒后脸红的样子，像小孩子淘气被大人发现后害羞的样子，非常可爱。"王维也小声说："王爷，咱们在这喝酒，就不提公主了吧。"岐王拍了王维肩头一下说："好。但你要陪我喝一会儿。实在不想喝了，再停杯。"王维说："王爷有点儿霸权啊！"岐王"哈、哈、哈"笑着说："男人嘛，可以不霸权，但不能没有霸气。"

几个人喝着酒，聊着秋天的好与不好。这时，月亮悄悄地升起来，正照在王维的头顶。

王维起身到窗前看月亮，岐王和王缙等继续喝酒。

岐王看着王维说："诗人就是敏感，月亮出来了，都影响他喝酒。"王维说："王爷，这里雨后的夜景，让我有了许多联想。"岐王说："这样吧，我们喝酒，你去写诗。写完读给我们听。你一首诗可以换我们三杯酒！"王维笑了，"王爷，我不写诗，您还会不喝酒了？"

王维走到书房，铺开纸，写下了《山居秋暝》。诗写完，拿着诗稿走出来，对岐王说："王爷，是您先喝三杯我再读诗呢？还是我读完您喝三杯？"岐王一看，这么快就写完了一首诗，马上说："我和王缙先喝三杯，你读完，我们觉得好，再喝三杯。"岐王和王缙喝掉三杯酒后，王维开始读诗。

山居秋暝

空山新雨后，天气晚来秋。

明月松间照，清泉石上流。

竹喧归浣女，莲动下渔舟。

随意春芳歇，王孙自可留。

岐王听过这首诗后，对王维说："摩诘，你这是写诗，还是画画啊！画面感太强了，而且还这么灵动。不得了，你是诗中有画，画中有诗啊。好，我们再喝三杯。"喝完三杯，岐王又说："最后一句'王孙自可留'，不是说我吧。我在这里的时候，就是一个和渔夫、农夫一样的人。"王维走过来，对岐王说："王爷，我是在创作，怎么可能确定诗中的形象是谁呢？不过您听得这么仔细，我要敬您一杯。"王维和岐王喝掉一杯。

这一晚，岐王醉了，王缙醉了，王维醒着。

秋去冬来春又到，王维进士及第。

玉真公主设宴庆贺，宁王、岐王都到场，王缙是第一次跟着王维来到公主府。

席间，玉真公主问："摩诘，你即将入朝为官，但刚入朝肯定从低品级开始，好好干，有我这两个哥哥，还有我，你就放心地把才华用在朝廷安排给你的职位上。"王维起身向玉真公主施礼："摩诘的一切都仰仗公主的神威。"

岐王说："入朝后，你有一段时间的安家假期，打算做什么？"王维说："要回蒲东接母亲来长安一起住。"岐王说："好啊！近日我派人帮你寻找一个宅院，你如果看着满意，就动身去接母亲，我安排人给你收拾房间。"王维客气地说："又让王爷操心。"

两天后，王维入朝，任太乐丞，就是负责天下的音乐韵律、舞蹈的教习，是个从八品下的小官儿。王维入朝见过同僚，熟悉环境，就请了安家的假期，回来了。

到家后，王维对王缙说："我现在有了俸禄，要尽快把母亲接来长安，过两年，你也该参加进士科的考试了。"王缙说："家里收拾东西，变卖房产田亩，还需要一些时间。明天我就先回去，等你和岐王把这里的房子办好后，你再回蒲东来接母亲。"王维说:"好。"

就在这时,岐王派人来,对王维说:"岐王请你明天午前到府上,然后你们一起去给一个祠堂画画。"王维答应。来人走后,王维对王缙说:"本来我还怕蒲东的房产、田亩变卖后的银子,也不够在长安买宅院的,现在去作画后,应该就够了。"王缙说:"这回母亲也放心了。你去画吧,画完就回来。"

王缙回蒲东,王维随着岐王去给一个富商的祠堂画壁画。

岐王把王维引到富商面前,对富商说:"这是今科状元,吴师傅的亲传弟子,京城第一才子、诗人王维,本来他要去蒲东接母亲来长安,但是,我答应过你画壁画的事,就把王状元留下来了。王状元画完后,你看着满意,酬劳银子不能低于吴师傅的分量。"富商不断地点头说:"王爷放心。王爷放心。王状元的才华,我早有耳闻。能请到我这里来,是我的荣幸。多谢王爷。酬劳银子,就请王爷放心吧,王状元要在长安城安家,需要银子,我会尽一份力的。"

岐王走了,王维在富商家画了三天。画完,富商非常高兴,给了一袋银子,应该算是不菲的报酬。

王维拿着这袋银子,先到了岐王府,当面告诉作画的情况,并把银子放在几案上说:"给得很多。"岐王笑了。"拿着吧。走,咱们去看给你定的宅院。"

这是一个两进院,王维看了一圈,很满意。对岐王说:"有后面的一进院,母亲就可以安静地修佛了。"

王维把作画的酬劳全付了院子的原主人,还稍差一些。岐

106

王说："我做保。"

王维准备当晚就出发回蒲东，岐王说："明天我派一辆马车跟着你走，今晚还是去和九妹告别一下吧。我陪着你去，再喊上我大哥。"王维见状，也只能这样了。

马车一路小跑着奔向蒲东，王维迷迷糊糊地在车里摇晃。想起昨晚在公主府喝酒的时候。玉真公主越说他脸红了好看，他的脸越红。他心里清楚，越来越红的脸，不是因为酒。

到了蒲东家门口，马车刚停下，贫儿就跑出来，看到王维把双手伸出来刚想抱一下王维，又害羞地缩回去了。王维拉着贫儿的手说："都好吧。"贫儿看着王维，只是点头没说话。王维看到贫儿的脸红红的，眼圈红红的。

王维直奔母亲的房间去了。

王缙早回来这几天，办事效率很高。房产、田亩都处理好了，屋里的东西也收拾得差不多了。母亲对王维说："明天请族里的人和邻居都来吧，一是祝贺我维儿考中状元，二是和大家告个别。"王维说："嗯，母亲放心，这件事我和弟弟在长安时就商量过了，明天中午就请。"

晚饭后，贫儿早早就回房间去了，弟弟妹妹们围着王维说个不停，王缙说："今天晚上都不和大哥说话了，让大哥休息，明天再聊。"

王维回到房间，贫儿已躺在床上睡了。

夜，真的不够长，贫儿看着王维睡觉的样子还没看够，天就亮了。

四辆马车停在大门口。族人和邻居们都来送行。贫儿搀扶着母亲走出来，母亲和大家一一告别。大家上车，马车启动。母亲看着族人和邻居们还在挥手，自己的两个眼圈也湿湿的，对贫儿说："咱们家这是第二次搬迁了。第一次是从祁县到蒲东，因为维儿的父亲去世，我们孤儿寡母来投靠我娘家崔氏，那次搬迁是痛苦的；现在这次是维儿考中了状元，我们跟着维儿去长安，这次搬迁我们是愉快的；唯一难受的是要和这些族人和邻居分别，我们住在蒲东这些年，得到了他们的很多帮助，没有他们的帮助，维儿就不可能放心地去长安求学。"贫儿说："母亲，我记住了。以后有机会一定回来看望这些族人和邻居。"母亲点了点头。

母亲又问："维儿跟你说没说他在长安城买下的一个什么样的院子？"贫儿说："他只说是个两进院，后院只住母亲一个人，平时不许大家去闹您。""哦。缙儿说，他去给一个富商画壁画，赚了一些银子，交了那个院子的定金，好像也不差多少了。"贫儿说："他说买院子的银子，只差一点儿了，咱们从蒲东带过来的银子，基本不用动，他有办法。""嗨，他的办法就是给人家画画呗。"

婆媳俩一路聊着，马车就过了黄河，天也过了午时。王缙跑过来问："母亲，哥哥让我来问您，要不要到前面吃点东西，喝口水。"母亲说："找个干净的地方，大家都歇歇，吃点东西吧。这里到长安恐怕两个时辰都到不了吧。"王缙说："嗯。我现在去告诉哥哥找个歇息吃饭的地方。"

四辆马车停在一个大院子里，一家老小下车。这是一家客栈，规模很大，但是今天没什么客人。王维一家吃饱喝足，休息了一会儿，就接着赶路，天黑之前要进长安城。

天刚擦黑，王维一家人就走进新家。岐王府有两个家丁一直在这里打扫、整理，基本收拾利索了，王维一家人也到了。王维和他们打招呼致谢。几个家丁说："岐王说你们应该今天到，果然就到了。现在我们就回去了。王公子你们也安顿一下休息吧。"说完就走了。

各个房间安顿好后，母亲拉着贫儿说："咱们在院子里和各个房子看看。"母亲在院子里看了一圈后，对贫儿说："在我的后院种些花草，平时我给花草浇浇水，也活动活动身子骨。前院可以种一棵大榕树，夏天可以乘凉。"贫儿说："好。我记得了。""现在维儿入朝为官了，家里还是要有个样子。""母亲放心，我会办好的。""等咱们家里都安顿好了，你去把你母亲也接来一起住吧，不然，总是在心里牵挂着。"贫儿的眼泪流了下来，哽咽着说："谢谢母亲。这是我家，我娘在外婆家也应该很好。过段时间，我去看看，如果她愿意来，就接她过来住一段。""就是，这样才对。摩诘看到你母亲来家里，心里也会安稳些。"

母亲回房，贫儿也回房。王维说："母亲对这个院子满意吗？""很满意。要我过几天给后院种些花草，前院种一棵大榕树。""哦，听母亲安排就是了。不过，不能种一棵树，一棵树在院子里，像木在一个四方框里的'困'字，种两棵樟树吧。""好的，我这两天就告诉王蛰去办。""从蒲东到长安折腾几天了，今天早点睡吧。"

几日后，王缙对王维说："咱们再去一下异乡客酒家吧。"王维："你又馋了？""不是馋了，是那天少掌柜说，你考中进士，就不会到他那里去了。现在，去一次，让他把说过的话再咽回去。"王维笑着说："你这副鬼肠子啊，绕来绕去，还是馋了。你去跟母亲说一声，今晚咱俩就去。""我去跟母亲说没问题，但不能在晚饭的时候去？""为什么？""咱俩早点去，我多要上五份麻肉，用食盒装好，晚饭前让他们的店小二送回家来，弟弟妹妹和嫂子也尝尝。""你还行，没只顾着自己解馋。好吧，咱们早点走。你去跟母亲说一声，顺便也告诉你嫂子。"

哥俩来到异乡客酒家，少掌柜高兴得手舞足蹈。状元郎、乡亲、王乐丞、大诗人、大才子，被少掌柜都喊了一遍。王缙说："少掌柜，你说我哥中了状元就不会来了，看看，来没来！"少掌柜眨了眨眼睛，说："我是怕状元郎不来，才那样说的。"王缙说："赶紧多做五份麻肉，用食盒装好，送到我们家里。我们哥俩出来了，家里还有一家人呢。"少掌柜说："好嘞。放心。除了五份麻肉，还要装一些胡豆、老豆腐等一些素菜，听说老母亲吃素。"王缙说："你都把我母亲吃素的事了解到了，你的生意肯定会越做越好。赶紧办去吧。我俩吃啥喝啥，你也看着办吧。"王维木木地坐着听王缙和少掌柜贫嘴，嘴角偶尔上翘一下。

酒至微醺，少掌柜又来了，笑嘻嘻地对王维说："乡亲，您今天可以给我这墙壁上题诗了吗？"王维抬眼看了一眼墙壁，说："好。现在就题。"于是站起来，提笔写下："终年无客长闭关，终日无心长自闲。"

& & ##*$* & & ##*$* & & ##*$*

王维："你又有什么怪问题？"

我："中状元，迁居长安，为什么看不到你高兴？"

王维："人其实是在痛苦和无聊之间走动的，高兴都是自己骗自己。光宗耀祖、考进士也是些痛苦和无聊的事，但是这些事，母亲需要，这个世俗的社会需要。母亲念佛，是想摆脱痛苦，但她无法摆脱无聊的世俗社会。"

我："把家眷接到长安了，还能常去玉真公主府吗？"

我问完这个问题时，发现王维已经走了。

第五章

坐看苍苔色

第二天一早，王维就要入朝上班，头天晚上来到母亲处。母亲对王维说："你很聪慧，但是入朝后，就不要表现出处处聪明，该装傻时要装傻。你是新人，品级又低，要准备承受委屈。还有，你和宁王、岐王走得这么近，当今皇上未必高兴。"王维不断点头说："母亲。我记住了。"

王维早早来到宫门口等着，有些官员也站在宫门外等着宫门打开。有些相熟的就互相打着招呼。王维和几个人打过招呼后，就站在离人群稍远一点儿地方，心里完成了一首诗《早朝》。

早　朝

皎洁明星高，苍茫远天曙。

槐雾暗不开，城鸦鸣稍去。

始闻高阁声，莫辨更衣处。

银烛已成行，金门俨驺驭。

王维的工作单位是太乐署，是太常寺下设的部门。太常寺的领导是太常卿崔日知，也是"博陵崔氏"的族人，论辈分，王维应该喊崔日知一声"舅舅"。太乐署有太乐令和太乐丞两个人，太乐令领导太乐丞，太乐令名叫刘贶。太常寺还有一位不经常上班，却是谁都仰慕的大师，叫李龟年。

李龟年四处云游采风，教习音乐，也传播他创作的音乐。这几年，李龟年传唱的歌曲，大多数是王维写的诗。于是，王维名冠天下，民间把王维称作"天下文宗"。

王维在朝为官了，新结识了一批诗人好友。祖咏（祖三），崔兴宗，卢象等。

崔兴宗也是"博陵崔氏"的族人，比王维年龄小，王维喊他内弟，即族内之弟。

王维中了新科进士，又到太乐署任职，再加上李龟年把他的诗传唱天下，一时慕名来拜望王维的人多了起来。

一天傍晚，一个风尘仆仆的青年人叩响了王维家的大门，老仆人王蛰开门，问："你找谁？"那人谦逊地说："我叫裴迪，想要拜见王乐丞。"王蛰说："你稍等，我去看看乐丞在不在屋里。"王蛰来到王维屋里，说有这样一个人要求拜见。王维说："请到客厅，备茶。"

王维先到客厅等候，裴迪进来见到王维后，就要屈膝跪拜，王维一把拉住他，问："你这是要干什么？"裴迪说："王乐丞，我早就读过您的诗，现在每天都读。我想拜您为师，希望您能收我为徒。"王维把裴迪按到座位上，说："小兄弟，我还是一个诗歌学生，怎么敢收徒？咱们做兄弟、朋友，不是很好吗？"

裴迪看着王维，表情更加虔诚，向王维深鞠一躬说："您真的要我做您的小兄弟？"王维说："当然希望你能成为我的小兄弟呀。"裴迪马上一脸憨笑地说："摩诘兄，你是我今生的兄长！"王维问："你从哪儿来？""关中。""那要跑一天吧？吃饭了吗？""没有。"王维说："就在这里吃，我把弟弟王缙喊来陪你喝几杯。"

王维让王蛰去厨房弄些吃的来，再把王缙喊来。

王缙来了，和裴迪见面就聊开了。王维看着这位诚挚、朴实的裴迪，心里也很高兴。

裴迪的酒量和王缙差不多，但是，两个人都喝醉了。王维让王蛰收拾一下客房，扶裴迪去安歇。

裴迪醒来时，王维已经去上朝了。

王维频繁的社交活动和在文坛的影响力，引起了一个给玄宗写密折、告密状人的注意。这个人告诉玄宗：新科进士王维，和宁王、岐王来往过密，和一些诗人来往很多，民间称他是"天下文宗"。玄宗听了有两点不舒服，一是王维和宁王、岐王来往过密，二是他被称作"天下文宗"。两个王爷是玄宗的亲兄弟，但也是玄宗防备最严密的两个人，玄宗对岐王结交社会名流早就反感，只是没发现什么反常，不好出手制约。

这个时候，李白来到长安。王维听到了这个消息，同时知道李白先去了贺知章的府上。

李白是来求职的，需要有人推荐他。贺知章喜欢李白，王维并不喜欢贺知章，在长安这么些年，就没想过要去拜见贺知章。

说不上来为什么不喜欢，是贺知章诗歌中有匠气？还是觉得贺知章太张狂？好像是，好像又不是。现在李白来了，又去拜见了贺知章，王维觉得，自己可以不知道有这回事，正常上朝，过日子。

某日，李龟年来到太乐署对王维说："李白来长安，岐王晚上要设宴款待，让我通知你一起去。"王维不假思索地说："实在遗憾，今晚我已经答应另外的朋友一起聚会了，此时推脱不太合适。请转告岐王，抱歉，下次我去多喝一杯。"李龟年看着王维一会儿，说："是不是李白来长安，你不舒服？"王维说："怎么可能呢？李白是天才，我能见他是求之不得的呀。"李龟年"哼"了一声，说："今晚，我替你去见见李白。"

又某日晚，王缙到王维屋里喊："咱俩到客厅去喝一会儿茶吧，我有事跟你说说。"哥俩坐好，王维就问："又要跟我说李白的事儿？"王缙说："这个事儿，我必须告诉你。""什么事儿？""李白昨天去了玉真公主府。

王维用鼻子呼出一口气，说："他就是求玉真公主推荐他入朝为官呗。"又对王缙说："以后这样的事，就不要告诉我了。"王缙把嘴巴凑到王维耳边说："要么，咱俩现在喝点儿？""喝什么？""我喝酒，你喝醋。"王维一瞪眼睛，"你爱喝啥喝啥，我回屋睡觉去。"

岐王又约王维去赴宴，王维没理由推辞，大大方方去了，可是李白没来，说是喝醉了，在馆驿酣睡，喊不起来。

李白到翰林院做了待诏大学士，唐玄宗设宴，群臣都到了，王维没来，病了。那天李白喝多了，在皇帝面前，做了一些常人不敢做的事儿。第二天，李龟年对王维讲了李白喝醉后的举止，并问王维："李白这样，你怎么看？"王维说："他不喝酒是个俗人，喝了酒就是纯粹的诗人，很本真，也天真。"李龟年说："哪天我把你俩约到一起坐坐？"王维说："他刚来长安，要拜见的人和想拜见他的人，一定很多，让他忙一阵子再说吧。"

玄宗皇帝组织朝廷部分官员随他一路去骊山温泉宫游览。写诗的、作曲的、绘画的都必须去。王维去了，李白也去了。不过，王维穿着官服在官员的队伍里，李白穿着百姓服装在应邀嘉宾的队伍里。王维没特意回头去看李白，李白也没举目看王维的后脑勺。

玄宗皇帝让诗人们写诗，两个人都写了。

和太常韦主簿五郎温汤寓目之作

王维

汉主离宫接露台，秦川一半夕阳开。
青山尽是朱旗绕，碧涧翻从玉殿来。
新丰树里行人度，小苑城边猎骑回。
闻道甘泉能献赋，悬知独有子云才。

侍从游宿温泉宫作

李白

羽林十二将，罗列应星文。
霜仗悬秋月，霓旌卷夜云。

严更千户肃，清乐九天闻。

日出瞻佳气，葱葱绕圣君。

第二天，王维回到家，王缙说："我看到你和李白在温泉宫写的诗了。"王维说："你又有什么说法？""写得都不好。都在拍马屁。"王维笑了："这种应制的命题诗，能写成这样，已经很不得了啦。马屁是要拍的，不拍，轻则丢饭碗，重则丢脑袋。不过，论拍马屁，李白这首诗比我拍得更好些。"

王维回到屋里，就进了书房，小雨在窗外窸窸窣窣地落着。王维回忆今天看到李白时的样子，自喃：看上去，李白是挺可爱的一个人；在人群里，他的气质是超拔的。

王维坐在窗前看雨，顺手拿起笔，就写下一首小诗：

书　事
轻阴阁小雨，深院昼慵开。

坐看苍苔色，欲上人衣来。

写完，他又看了一遍，觉得也没啥大意思，小情绪而已。嗨，天下的诗，大部分都是小情绪写的嘛。带着大激动写出来的诗，大概也不会是好诗。

洗洗笔，回屋睡觉。

岐王过生日，邀请太乐署的刘贶和王维带着歌舞队到场，宁王来了，还有一部分和岐王来往较多的几位官员也来了。李白没来，说是被玉真公主喊去了。

岐王喝得大醉，对刘贶说："你的歌舞队，该上场了。"刘贶一招手，歌声舞姿就登场了。一曲歌舞结束，岐王问刘贶："能给本王跳一场黄狮子舞吗？"刘贶不敢应声，岐王又看王维。

王维知道黄狮子舞是有明文规定的，不是皇帝在场不许跳，否则，是僭越之罪。就悄悄地对岐王说："王爷，在这跳黄狮子舞，恐怕会惹皇上不高兴啊。"说着又看了宁王一眼，希望宁王能说服岐王。宁王此时已经醉得睁不开眼睛，歪着头睡了。岐王根本听不见王维说啥，对着刘贶吼："你说，能不能跳？"刘贶说："王爷，您先别急，待我和王乐丞商议一下。"两个人离席走到一边，对视了一会儿，刘贶说："看来今天不跳黄狮子舞，是出不去这个王府的大门了。好在，这里的人不多，也不杂，咱们就给王爷跳吧。皇上怪罪下来，也是他们哥俩的事儿。"王维说："看来，也只有这样了。"

两个人回到席上，对岐王说："王爷，马上给您跳。"

黄狮子舞跳完了，大家散去。

王维回到家，仔细一想，若皇帝降罪，怎么可能是对王爷降罪呢？肯定是对刘贶和我呀！想到这，感觉有点心惊肉跳。然后，他把今天跳黄狮子舞的事儿，告诉了贫儿。贫儿说："最坏的结果，会是怎样？"王维想了想："刘贶可能要严重一些，估计要免职降为庶民，我可能被降职外放。"贫儿说："把你外放到哪儿，我都跟着去。"王维说："不说这个了。先睡觉，明天上朝，看是什么结果再说。"

玄宗皇帝还没上早朝时，已经有人密折报给玄宗，把昨晚岐王酒醉喝令跳黄狮子舞的事汇报给玄宗了。玄宗看完密折，派人去喊岐王来上朝议事。

文武百官列队站好，岐王来了，看样子，酒还没醒。玄宗给岐王赐座。然后对百官说："昨晚岐王过寿辰，是大喜的事，可是竟敢公然违抗本朝的律令，跳起了黄狮子舞。看在岐王出于酒醉，并非故意，重责就免了，轻罚还是不能免。即日起，岐王不得走出王府，除家人外，其他人也不许进入王府。"岐王赶紧跪下谢恩。玄宗说："四弟，请回吧。"岐王一步三摇地走出大殿，用眼角瞥了一眼王维。心里想：我把摩诘害了。

岐王走出大殿后，玄宗喊："刘贶、王维。"两个人出列跪在殿前。玄宗说："岐王醉了，你们没醉，为什么还要触犯朝廷戒律？刘贶撤去官职，罚为庶人，永不再录用为官。王维外放到济州司仓参军，降为九品，以后再议能否回朝廷任职。"二人谢恩，低着头退出大殿。

刘贶、王维先到太乐署收拾自己的东西，李龟年来了："昨晚我陪着李白在玉真公主府，没去岐王府，不然，今天受贬斥的应该还有我一个。"王维说："老兄，今后你也多保重吧。"李龟年说："我近日就走，去江南巡游。咱们都保重，会有再聚的时候！"

王维回到家，先去母亲房间。路上王维就想，被外放，并不会让自己太难过，可是刚把母亲接到长安，自己又要离开，有点难受。

王维把事情的来龙去脉告诉了母亲，母亲说："在朝廷做事，这种情况是正常的。你和刘觊就是替罪羊的角色。你放心地走吧，我没事，缙儿现在能做事了，可以撑门立户，你小弟弟和两个妹妹都长大了，不用再担心了。你带着贫儿一起走吧，在外生活，也好有人照顾。"

王维回到自己的房间，与贫儿商议着先把家里的事安排好，再确定什么时候动身的事。

& & ##*$* & & ##*$* & & ##*$*

我："有那么多次机会与李白见面，为什么你们都错过了？"

王维："孟子和庄子也有那么多机会见面，他们最终也没见面；但是，不影响他们是巨人。"

我："被贬官、外放，觉得冤吗？"

王维："小人物没有喊冤的资格。冤，是低级官员工作和生活内容的一部分。对于一个诗人，承受冤屈，是壮大自己必不可少的一种经历。没经历过苦难的诗人，他的作品是不可靠的。"

我："你对朝廷、对皇上灰心了吗？"

一阵风刮过，王维隐身而去了。

第六章

积水穷天涯

王蛰抱着一个袋子，送到王维面前。王维问："这是什么？"
王蛰说："刚才一个人送来的，说是您给他家祠堂画壁画，上次
只给了您一半的酬劳，现在给您补齐了。"王维明白，这是岐王
介绍的那个富商知道他被外放，来慰问接济自己。王维问："人
呢？"王蛰说："他说还有事，就不进来了。"

　　王蛰出去了，王维看着这一袋银子，对贫儿说："有些富商
是有良知的。我们留一点儿做路上的盘缠，其余留作家用吧。有
这些银子在家，我也安心了很多。"贫儿说："也不要白拿人家
的银子，找个机会再为人家做点儿什么吧。"王维说："我明白的。
不过，人与人来往，不能总是等价交换，等价交换是一次性的；
有了双方尊重的感情加入，就会一往情深了。我再回长安时，会
去看望他。"

　　裴迪来了，一副失魂落魄的样子。王维问："你怎么了？"
裴迪看着王维说："还怎么了，你都被冤成这样，还问我怎么了？
你有心没心，有肺没肺？"王维笑了，"我怎么没觉得是冤呢？
我一路到济州，要多看多少风景？在济州工作、生活，要增长
多少阅历？明明是好事嘛！走吧，咱们客厅喝茶去。"回头对

王蛰说："喊王缙来。"王蛰说："缙公子已经在客厅等了。裴公子还用马车拉来两麻袋谷米。"裴迪说："那是我们关中的土特产。哥哥你去济州了，家里老母亲和弟弟妹妹不能断粮啊。"王维拍了拍裴迪的肩头，"兄弟，咱们喝酒去。"裴迪笑嘻嘻地对贫儿说："嫂子，我这哥哥长着势利眼啊，刚才说给我喝茶，看我拿来谷米，就说给我喝酒了。"贫儿说："你们之间的事儿，我不掺和。但我知道，你哥俩是一路货色。"裴迪："嫂子，你也跟着我哥学坏了。"

裴迪和王缙喝酒，王维喝了几杯，就抱着琵琶弹了一曲《出水莲》。裴迪等王维弹完说："哥啊，这个时候，你该弹《霸王卸甲》，而不是《出水莲》。"王维说："《霸王卸甲》是穷途末路，《出水莲》是用污浊滋养自身的洁白。我凭什么要弹《霸王卸甲》？"裴迪愣了一下，说："好，好，好。你弹《出水莲》，我喝酒，酒是粮食的血，从土里出生，再回到我这个土人的肚里。"

王维和裴迪、王缙又坐了一会儿，就独自回房睡了，也不管这两个酒鬼喝到什么时辰。

崔兴宗来了，手里拎着两只白条大鹅。王维迎上去说："骆宾王死了，这些鹅，只能用来吃了。"崔兴宗说："你还能开玩笑啊？我是不是多余来看你啊？"王维说："你不来看我，谁帮你吃这两只大鹅。"两人互致一拳，哈哈大笑。

崔兴宗说："走，带我先去看望姑母。"王维带着崔兴宗来到母亲住的后院，叙了一会儿家常，就回到客厅。坐在客厅，王缙过来泡茶倒水，等着一会儿喝酒。

崔兴宗告诉王维："祖咏已在洛阳，李龟年也在洛阳附近，他们嘱咐我转告你，去济州过洛阳时，在洛阳住上几日。"王维点了点头。

酒喝过五巡，崔兴宗的情绪还是低沉的。王维说："兄弟，是不是想写诗了？"崔兴宗把杯中的酒喝完，站起身说："哥哥，你太聪明了，聪明到看见有人愚蠢都不制止；所以，你是聪明反被聪明误。来，写诗。"

崔兴宗写下《留别王维》。

留别王维

驻马欲去襟，清寒御沟上。

前山景气佳，独往还惆怅。

天黑的时候，崔兴宗喝醉了，王缙也喝醉了。王维醒着。

一切收拾停当，王维准备出发，老仆王蛰来说："大公子，我在王家四十多年了，早就是这家的人，现在，您要去济州赴任，身边没有人照料不行，可是我老了，还有老夫人在家，也需要有人照料，我就不能随你去了，我的儿子小山已经十四岁了，我想让他随着您去济州，不知公子愿意不愿意。"王维看着王蛰说："从我爷爷那一辈开始，你就在我家，咱们就是一家人啊。要是论年岁，我都该喊你一声叔叔。你在家，我放心，母亲也安心。小山这孩子机灵、踏实，是很好的孩子，出门跟着我去历练历练也好。就让小山跟着我吧。"王蛰说："谢谢公子。我去准备一辆马车。"

当晚，一个人赶着一辆马车来到大门口，敲门。王蛰出来问："找谁？"来人说："这辆马车，是我家主人送来的，你交给王公子就行了。"王蛰问："你的主人是谁？""郁轮袍。"说完，来人留下马车，自己徒步走了。

王蛰来到王维门前，请出王维，如此这般地说了一遍。王维说："那就留下吧，你也不用再去准备马车了。让小山熟悉一下这辆车马，后天一早我们出发。"

王维出发前的晚上，全家人围坐在一起进餐，母亲又一次出来和全家人坐在一起。母亲对王维说："你要照顾好贫儿，三年后，要是给我抱个孙子回来才好。"贫儿挑眼看了一下王维，王维对母亲说："母亲，一切随缘吧。"

小山赶着马车，车上坐着王维夫妇，一路小跑。路面不好的地方，颠簸得厉害，王维就对小山说："慢点儿，把我们的身子骨都颠散架了。"小山勒了一下马，车慢了下来。贫儿对王维说："小山年轻，就是想快跑。是我们岁数大了，扛不住。"王维说："我们的年龄不大，一切都来得及。"说着伸出手把贫儿揽在怀里。

将近傍晚，小山问："咱们在哪儿歇？"王维说："前面就是潼关，咱们潼关休息吧。"

到了潼关的一个客栈，吃过饭后，王维对贫儿说："坐了一天的车，出去散步走走吧。"两个人手挽手走在潼关的街上。贫儿说："从我到你家至今，这是第一次你挽着我的手走路。"

王维说："是吗？哦。在蒲东时，你还不是我妻子，我不敢；在长安时，我忙公务和结交朋友，你忙着家务，我们就没有机会这样散步嘛。"贫儿说："我知道。我就是这么一说。"王维说："贫儿，我对你好吗？"贫儿点头说："你对我好。在家里，看你那么忙，我总怕照顾不好你。现在，好了，就咱两个人，我会把你照顾得好好的，好好的。""把我照顾得太好了，我就不想工作，不想读书了怎么办？""哼，我怎么照顾你，你也不会把读书放下的。再说，我的夫君若不想读书了，还能是我夫君吗？你的世界是书，我的世界是你。"

转了一大圈，夫妇俩往回走，王维突然说："你知道吗，据说老子的《道德经》就是在这儿写的。"贫儿说："我又没读过《道德经》，更不知道老子在哪儿写的了。你怎么想起《道德经》了？"王维沉思了一下说："我一直怀疑老子，写一部《道德经》，是让世人变得善良，还是让世人变得更加邪恶？"贫儿瞪大眼睛说："夫君，你的话，我听不懂。"王维笑了，说："呵呵，是这样，按着《道德经》中的要义行事的人，在社会上常常会得不到好结果；违背《道德经》要义行事的人，往往能获得利益。"贫儿说："这个道理，我从小就懂。坏人想占便宜，好人就吃亏。坏人知道好人不会使坏，就欺负好人的好。""好了，这些道理你都懂了，不必读《道德经》了。其实，我也不该读。"

天亮继续出发。快到洛阳时，王维对小山说："我们到祖咏的府上。"贫儿说："我觉得你和祖咏关系更好些。你平时都喊他三哥，是他在家里排行老三，还是你们之间的排行？"王维说："祖咏在家排行老三，所以，我们有时也称他祖三。这个人，是当今最另类的诗人，不阿谀奉承，不巴结官员，耿直又善良。我很喜欢他，当然，他对我也非常好。""现在，我们去他府上，是他邀请咱们去，还是你想去看望他。""他不邀请，我也会去。不过，他早就让崔兴宗带话过来了，要我到洛阳在他家住几天。"贫儿说："你说他另类，你给我讲讲他的故事呗。"王维慢条斯理地说："我和王缙第一次来长安的第二年，他来长安考进士，应试的题目叫《望终南余雪》，规定每人要写一首六韵十二句的五言排律诗，而祖咏看完题目，不假思索地写了一首诗，竟是一首五言绝句，'终南阴岭秀，积雪浮云端。林表明霁色，城中增暮寒。'考官们一看，这首诗无论写得有多好，也不合规矩，就把这首诗扔到一边。自然，他这次也没考中。但是这首诗，却引起了很多人对他关注，真是一首好诗。"贫儿说："是够另类的。你们什么时候相识的呢？""我第一次来长安时，我们在一起聊得很投机，我还留他住到我租住的房子里几天，成为了很亲密的朋友。他对人生的看法，包括对写诗的观点，都对我帮助很大。""哦。是这样啊。"

到了祖咏的府上，叩开门，祖咏就迎了出来，上前抱住王维说："兄弟，我在家等你好几天了！"扭头对贫儿说："是摩诘夫人吧，来来来，咱们进屋说话去。"

祖咏为王维夫妇准备了一套很好的客房，寝室、客厅、书房俱全。

晚上，祖咏一家陪着王维夫妇吃饭，贫儿和祖咏夫人说了一些感谢之类的客气话，祖咏夫人说："当年祖咏在长安失魂落魄的时候，是摩诘把祖咏留在家里吃住，那时，摩诘也是租住的房子。摩诘还写了《喜祖三至留宿》，他们的感情深着呢。所以，咱俩也不用说客气话。"贫儿点头说："那是，那是。"

大家吃过饭，祖咏就对夫人与贫儿说："二位夫人各自回房休息吧，我和摩诘再聊一会儿。"二位夫人走了，祖咏一挥手，家人又端上来两壶酒和一些菜肴，嘴里还念叨："兄弟相逢且饮酒，莫管人间是与非。"

哥俩喝到乐陶陶、昏昏然，各自回屋睡觉。

早餐后，王维来到祖咏的书房喝茶，祖咏说："李龟年也在等你，我刚才已经派人去找他。如果此时他在洛阳，一会儿我们就能见到。"

李龟年来了，急匆匆、兴匆匆。互致问候，坐下喝茶，聊分别后的情况。李龟年说："我已经与人约好，明天一早要去潇湘之地。如果摩诘再晚来一天，咱们这次就见不到了。"

三个人在一起，少不了喝酒。喝了一会儿，李龟年说："先别喝了，摩诘，你给我写几首诗，适合演唱的，我去潇湘教习他们，要把摩诘的诗唱遍天下。哦，对了，你要写些情啊爱啊的，容易流传。"王维说："你这是让我媚俗？"李龟年说："摩诘笔下，何俗之有！"

三个人哈哈笑了一阵。王维站起身说："潇湘之地，本就是香艳之地，你老兄这些年经常往那里跑，是不是那里已有了家室？"李龟年说："家室真没有，情人是有的。所以，时间长了不去，就会想念。"王维一听，笑了笑说："我就替你写一首想念情人的诗吧。"说完就提笔写下了《相思》。

相 思

红豆生南国，秋来发几枝。

劝君多采撷，此物最相思。

李龟年和祖咏都站起来看王维写诗，王维写完，他们也读完，立刻高喊："太好了！太好了！"王维看着他们，冷静地说："这么简单的诗，你们怎么会喊好？李龟年拿去唱，会说好，因为一听就懂，可是，摆在案头看，这种诗还是轻浅了些吧。"李龟年说："我说好，就是因为适合唱。"祖咏说："我是替李龟年喊的好。"三个人又笑了一阵。

天黑，酒局散。李龟年和王维、祖咏作别，相约再聚。

王维带着贫儿在洛阳游玩了几日，就对祖咏说："三哥，我该去济州报到了。"祖咏说："报到不一定急，弟媳跟你出来一趟，可以一路再各处走走、玩玩。这样吧，我在家也是闲待着，明天我陪着你们一起走，这里去济州，第一站是郑州，咱们郑州玩够了再说。"王维说："好吧。"

一行人，两辆马车，向郑州进发。祖咏和王维一路聊着人生难得舒畅，聊着官场无序无常，把王维的心情聊得有些沉郁。

当晚他们就住在虎牢关。

第二天，他们在虎牢关转了一转，王维依然是沉郁着。不是风景没什么好看的，而是没有看风景的心情。前面就是郑州，再往前就是济州，离家乡越来越远，离朋友越来越远，长途奔波，是为了遵皇命，还是为了那点儿薪水？越想下去，心里越打结。

晚上，王维写下了《宿郑州》一诗。

宿郑州

朝与周人辞，暮投郑人宿。

他乡绝俦侣，孤客亲僮仆。

宛洛望不见，秋霖晦平陆。

田父草际归，村童雨中牧。

主人东皋上，时稼绕茅屋。

虫思机杼鸣，雀喧禾黍熟。

明当渡京水，昨晚犹金谷。

此去欲何言，穷边徇微禄！

祖咏看了王维的这首诗，内心后悔不已。嗨，不该和摩诘聊这么多啊，影响了他的心情。

第二天早上，祖咏说："摩诘，我就送你到这儿吧，此去济州也不算远了。择一日，我去济州看你。"王维与祖咏拱手告别。

到了济州，房屋及生活所需安顿好后，王维就去州府报到。

司仓参军，其实就是仓库管理员，政务的事少，闲杂事也少，王维因此获得更多的时间来读书、写诗、弹琴、作画。

王维到了济州后，当地的一些官员和文人纷纷来拜访王维。其中，一位武则天时期辞职返乡的官员崔录事，常来与王维一聚。久而久之，崔录事还经常带着一些当地的人来与王维喝茶、喝酒、聊天，这些人中还有几个农夫。王维觉得这些人都很淳朴，与他们相处也简单，也很好交流。王维还为他们写了一些诗。

有一次，在他们酒喝得正酣时，崔录事说："王参军，您诗名震天下，能不能给我写首诗呢？"王维放下酒杯说："马上写。"于是就写了一首诗，题目就是《崔录事》。

崔录事

解印归田里，贤哉此丈夫！

少年曾任侠，晚节更为儒。

遁世东山下，因家沧海隅。

已闻能狎鸟，余欲共乘桴。

崔录事现场看到王维给他写的诗，欣喜如狂，猛喝了三杯酒。在场的其他人也趁机要求王维给自己写诗，王维都一一答应，而且不假思索，抬手就写。

座上喝酒的有一个人曾经在长安的相王府里做过文学侍从，姓成，大家都喊他成文学，他对王维的诗读得更多些，看了王维给崔录事写的诗后说："王参军，到了济州，人自由了，诗也自由了。"王维听了，高兴地说："成文学在相王府做过事，见过大世面，对诗歌了解得更多，我感觉你很像当年的司马相如啊！"成文学听了王维这几句话也兴奋了："王参军，你就把我当司马相如写一首诗吧。"王维说："不，我不动笔，我走一步说一句，你做笔录。"成文学立即伏案提笔，听一句写一句：

宝剑千金装，登君白玉堂。

身为平原客，家有邯郸娼。

使气公卿座，论心游侠场。

中年不得志，谢病客游梁。

《成文学》这首诗就这样完成了。

后来，王维还给当地的农夫、老汉等写诗，如《郑霍二山人》《济州过赵叟家宴》等。都是趁着酒兴、趁着愉悦的心情一气呵成的。

一时间，王维这样写诗写得很快活，那些得到了王维诗的人，更快活。王维心想，这样写诗虽然也是命题应制，但要比在长安时写应制诗舒服多了。在长安写应制诗是想尽办法为了让出题人高兴；在这里写诗，是在自己非常高兴的时候去写。自由地写，随性地写，根据自己的情绪去写，就把诗的本身面貌呈现出来了。

冬去春来，某日，崔录事等人邀王维到济州府下辖的清河县去游玩。船至水中央，王维站在船头四处张望，土地、树木、房屋都不见了，只有茫茫的流水。没有岸的水域，是自己的人生吗？突然有些沮丧。他随口默咏出《渡河到清河作》。

渡河到清河作

泛舟大河里，积水穷天涯。

天波忽开拆，郡邑千万家。

行复见城市，宛然有桑麻。

回瞻旧乡国，渺漫连云霞。

    王维很清楚，此时，自己的心情坏到了极点。又不能对身边的人流露出坏情绪，只能独自走到船头，面对苍天，面对流水。

    从清河回来，贫儿发现王维的情绪不太对。晚上准备睡觉时，贫儿说："你是不是出去走累了？看你的精神不太好。"王维说："有些头痛。"贫儿就让王维躺下，然后站在地上给他按摩头部。王维说："你还会这个？"贫儿说："你总该知道我父亲是干什么的吧？""你父亲不就是我弹琵琶的师父吗？难道师父还会推拿按摩正骨？"贫儿说："弹琵琶是要用手指啊。我小时候，父亲教我弹琵琶，我不想学，又不敢违抗，就委屈地学了一段时间，曲子没学会几个，指法倒是都学会了，所以，我是用按琵琶品位的指法给你按摩脑袋，也是父亲教的呀。"王维"扑哧"一声笑了起来。翻过身，看着贫儿说："你应该这样说，师父教你弹琵琶时，就告诉你，弹琵琶学不好，将来去弹摩诘的脑袋去吧！"夫妻俩笑成一团，相拥而眠。

祖咏来了，王维迎上去，两个男人紧紧地抱在了一起，没说一句话。松开手时，对方的肩膀上都有泪痕。

　　祖咏的马车拉来了吃的、喝的、用的有半车。贫儿说："三哥来看摩诘就够了，不要带东西来。家里现在的用度开支都很少，摩诘的薪水还有余呢。"祖咏说："我是空着手来看摩诘的，那些东西是来看你的。"贫儿笑了："你和摩诘一样，说话没正形儿。"

　　两个人进了书房，时而高亢，时而低语，聊到贫儿来喊他们吃饭。

　　两个人话说得多，酒也喝得多。直到都不再说话了，也都醉成两坨面团了。

　　祖咏在王维家住了三天，就准备回洛阳了。祖咏对王维说："我回家准备一下，就去长安，参加明年的进士考试。无论考中考不中，我都会再来看你。"然后对贫儿说："我到长安会去你们府上看望你婆母，要我给带什么话吗？"贫儿说："告诉母亲，摩诘和我都好，让她老人家放心。等摩诘回长安，我们就可以服侍她老人家了。"祖咏说："如果伯母问我，贫儿啥时候能给我生孙子呀，我怎么回答？"贫儿说："三哥又没正形。我知道，欠母亲一个孙子，我一定会给她抱回去的。"

　　祖咏起身要走，王维喊小山："套上车，我去送三哥一程。"

　　王维送祖咏到齐州，再往前，就出了济州地界了。哥俩依依不舍地作别。

　　王维回到家，又陷入了闷闷不乐的状态。他把自己关在书房，书不想翻，琴不想弹，更不想画画。祖咏在这里住了几天，觉得自己很充实，现在济州又剩自己一个人儿，有些空落落的。祖咏刚走，就想他了。于是，铺纸就写下一组诗：

赠祖三咏

螓蛸挂虚牖，蟋蟀鸣前除。

岁晏凉风至，君子复何如？

高馆阒无人，离居不可道。

闲门寂已闭，落日照秋草。

虽有近音信，千里阻河关。

中复客汝颍，去年归旧山。

结交二十载，不得一日展。

贫病子既深，契阔余不浅。

仲秋虽未归，暮秋以为期。

良会讵几日？终日长相思！

春去秋来，已是王维在济州的第三年了。

一日，济州刺史裴耀卿召集州府官员议事，告诉大家皇上要到泰山祭拜，沿路的各州府要给皇上的队伍准备一些物资。王维把仓库的库存情况作了汇报。裴刺史对王维的汇报很满意。大家散去后，裴耀卿把王维留住。裴耀卿对王维说："你在济州任期也快满了，这次我如果能面见皇上，一定提醒皇上。你这样的人才，不能窝在济州这个小地方，要回到长安，回到朝廷去，那里才是你施展才华的地方。"王维说:"谢谢刺史惦记。不过,我在济州也很自在,只是不能照顾老母亲,心里还是不安。"裴耀卿说:"我懂你的心情。等我消息吧。"

玄宗带领一行人浩浩荡荡来泰山祭拜,结束后就回长安了,没在济州驻足,没见裴耀卿,更没向任何大臣提王维在济州的事。王维心里有些冷。心里暗语:皇上除了对自己的皇位有感情,对谁都不会有感情的。

花开花落,雪落雪融。转眼已是王维在济州的第五年。

去年,祖咏考中进士,在长安等着分配工作。今年,弟弟王缙也考中了进士。这让王维既高兴又担忧。朝廷安排王缙的职务,大概率会分到军队去,可能要离开长安。谁来照顾家?谁来照料母亲?

焦虑。焦虑。

刺史裴耀卿来访。王维迎进客厅说:"刺史有事,派个人喊我过去就是了,怎么还亲自来我这茅舍。"裴耀卿说:"王参军,你虽然现在是我济州府的九品官,但在我心里,你是'天下文宗',你属于天下人的。这么长时间,没来看看你,是我的过失啊。"王维施礼说:"刺史谬夸。我就是你的参军而已。"裴耀卿哈哈一笑,说:"你对我还是不放心啊。你是被贬外放到济州的,我不敢跟你来往太密,只能少安排你做政务杂事,想让你多一点放松,多一点自由。我不是给皇上写密折的人,但是,我们身边一定有给皇上写密折的人。王参军,你能理解几年来,我跟你私下走动少的原因了吧。"

王维说:"我理解。但,刺史今天来,有什么吩咐呢?"裴耀卿笑着对王维说:"能给我一杯酒喝吗?"王维一愣,嘴里答应着:"我早就想请刺史来喝酒,又怕请不来呀。"心想:这小子的葫芦里卖什么药呢?裴耀卿说:"吃的,喝的,我都带来了。"随后,站起身,对外面的人喊:"都拿进来吧。"几个人提着一摞食盒,两坛子酒,还有十斤生牛肉等进来了。王维看到这些东西,问:"刺史,这么多酒菜,你要在我这里喝一个月?"裴耀卿:"王参军真是幽默。这些东西,只有少部分是我俩食用的,其余的是我第一次登门的进门礼,也算是给你道歉。"王维还是没明白裴耀卿今天来,究竟要干什么。

两个人在客气礼貌地喝酒,聊天。主要是王维对这个刺史登门的意图,始终没看明白。两个人虽然有说有笑地喝酒,但并不热烈。王维一直保持着冷静,清醒,裴耀卿喝着喝着就有点醉意了。直着眼睛凑近王维面前说:"我比你虚长几岁,喊你一声老弟吧。老弟,你来济州已经五年了,你来时朝廷的文书上说,外放三年,可是现在也没有调你回长安的文书来,看来,皇上把你忘了。我想对你说一句可能是我不该说的话,老弟,实在想念母亲,就辞了这份参军职务,回长安再寻办法。你不能长期困在这里啊。"王维听了裴耀卿的这句话,心里一股热流涌了上来,但马上又恢复了平静,说:"我一向安分守己,恪尽职守,难道刺史对我的工作不满意?""老弟,别误解我。再告诉你一件事,我也很快将被调往其他地方任职,新来的刺史,对你会不会好,我心里没底。老弟,你何必委屈自己呢?凭你的才华和威名,到哪儿不是座上宾。"

王维此时开始相信这位刺史了。他对裴耀卿说:"我已有辞去职务的打算。"裴耀卿说:"我有一个好朋友叫房琯,现在卢氏县做县令,也是一位有大才华、大襟怀的人,将来必成大器。我们在一起说起过你,他对你很钦佩,你任何时候都可以去他那里。哦,从济州到长安是要经过卢氏县的。"

裴耀卿走了,王维送到门口。裴耀卿回过头对王维说:"老弟,保重。"王维突然想起一件事,对裴耀卿说:"刺史,去年你带领我们抗击洪水,百姓捐资建了一块石碑,让我写碑文,我一直没写呢。近日,我把它写了吧。"裴耀卿说:"不是我的功劳,大家一起抗击洪水,是为了保护咱们自己的生命财产。谁坐在我这个位置上,都会那样的。"王维说:"真心为百姓,还是只为保自己官位的人,是不一样的。"

王维回到书房,慢慢品着茶。贫儿进来对王维说:"裴刺史拿来好多东西。"王维说:"刺史是来看我的,那些东西是来看你的。"贫儿:"哼,又想祖三哥了吧?"

是啊,祖咏现在怎么样了?听说朝廷给他安排了职务,可是,总有佞人作祟,他不甘受辱,辞职回家了。这个三哥啊,太耿直了,不会卑躬屈膝。在朝廷里当官做事,耿直的人只有两条路,一个自己辞职,一个是遭小人手脚被革职。

王维把裴耀卿带领百姓抗击洪水的《裴仆射济州遗爱碑》碑文写完,心里想:我也算为济州做了一件事吧。碑文中故意把自己也写进去。"维也不才,尝备官署。公之行事,岂不然乎?

维实知之，维能言之。"

碑文篆刻完成后，矗立在河堤上。大家请王维去看看。王维到了河堤看了一眼石碑，就把眼睛转向河面那些来往的船只。他在想：这些船都是从哪儿来的？往哪儿去？船上有从长安来的人吗？有从蒲东来的人吗？此时，如果有长安人、蒲东人站在眼前，王维一定会冲上去紧紧地拥抱他。

"谁是长安人，谁就是我的亲人！谁是蒲东人，谁就是我的亲人！"

"君自故乡来，应知故乡事。"

裴耀卿已经调任其他地方了，王维辞职回长安的决心已定。

就在这时，祖咏来了。王维高兴得手脚都不知道往哪儿放了。

先热热地抱一会儿，再热热地喝茶。

王维问祖咏在长安这段时间如何？祖咏就向王维大肆倾倒短暂做官的苦水，对王维说："真难为你们这些在朝为官的人了，一个心地善良，思维正常的人，怎么能够忍受朝廷官场虚情假意的污浊？你赶紧辞职回长安照顾老母亲去吧。王缙马上到外地的军营任职，你不回去，老母亲对家里发生什么事，心里会没底。"王维说："我已经决定辞职回家了。""就是。那个皇帝佬儿早把你忘了，或者，根本就不想让你回去。"

祖咏又讲了在长安时的一些见闻，比如：岐王府又可以人来人往了，李白已经离开长安，青年诗人杜甫来到长安来谋职，等等。

两个人喝着茶，贫儿在准备着他们喝酒的菜肴。

两个人喝酒喝到沉默不语，各自闷头喝，屋里一点声音都没有。贫儿觉得奇怪，两个人在一起从来都是滔滔不绝的话题，今天怎么都不说话了？悄悄走近窗户往里看，发现两个大男人都泪流满面。贫儿知道王维心里苦，只是不在她面前表露，现在对着祖咏就打开了委屈的闸门。唉，男人的泪是对着另一个男人流的。

快到午时，王维和祖咏才睡醒。祖咏说："我要去东海边游玩，你就要回长安，咱们什么时候再见，就不好说定了。互留一张字吧。我想你了或者你想我了，就拿出字来看看。"

王维写下了祖咏的诗《望蓟门》。

望蓟门

燕台一望客心惊，箫鼓喧喧汉将营。

万里寒光生积雪，三边曙色动危旌。

沙场烽火连胡月，海畔云山拥蓟城。

少小虽非投笔吏，论功还欲请长缨。

祖咏写下了王维的《九月九日忆山东兄弟》。

两个人再次拥抱，告别。

王维写完辞呈上交，把所有的公事料理完毕，告诉贫儿："咱们只带着随身一点东西，其余的东西和房屋一起处理掉。"

这一日，天还没亮，王维夫妇上车，小山赶着马车，悄悄地离开了济州。王维倒坐在车上，一直看着济州大地，直到离开济州地界。这是让他自在自由的地方，也是给他困厄困惑的地方。早晨的路上，没有车马和行人，尘土也没有，王维觉得济州是块干净的地方。

行到卢氏县，见到房琯。房琯热情地接待他们，并说："你若不嫌我这卢氏县小，我可以在我的县衙给你谋份差事做。这样咱俩就可以常在一起喝茶，聊天了。"王维说："我在济州辞职，不是在济州混不下去了，也不是济州府对我不好，是我想念母亲已经到了不可控制的程度了。现在我是路过你这里，看看你。咱们已经见面了，以后有机会再聚。"房琯说："我理解。我理解。"

王维与房琯匆匆一见，又急急地奔向长安。

终于到长安了。

王维夫妇到家时，已是深夜，王蛰打开门，王维一把就抱住他，低声却激动地说："我回来了，我们回来了。"王蛰开始还一愣，然后才想明白：这是五年没见过亲人了啊！

母亲、弟弟妹妹们已经睡了，王维夫妇也悄无声息地回房睡了。

& & ##*$*　& & ##*$*　& & ##*$*

我："以后，你还会去朝廷谋职吗？"

王维："会。我需要一笔薪水养家。"

我："再去工作，你还会满腔热忱鞠躬尽瘁吗？"

王维："不会了。只是用这身皮囊去换报酬。"

我："马车用了五年，要归还原主人吗？"

王维："这匹马已经老了。"

我："原主人也老了。"

王维："心里住着少年的人，是不会老的。"

我："你心里住着的是哪个年龄段的人？"

王维："我要跟着母亲学佛。"

第七章

晚家南山陲

王维陪着母亲唠家常。

母亲："这几年，裴迪常来看我，每次来都带一些东西。我觉得他比我还想你。"

王维："他是个重情重义的人。"

母亲："岐王府派人来过几次，送来一些吃的、用的，逢年过节时，还会有一袋银子。"

王维："岐王是个两面人，在好朋友面前就是个江湖朋友，见着官员就端着腔调做王爷。"

母亲："祖咏来长安时，来过几次。"

王维："我知道。他也去济州看过我几次。"

母亲："还有几个人来过，我不熟，王缙知道。"

王维："嗯。"

母亲："你被贬外放，还有这么多人来家看望，说明你结交的朋友都很好。"

王维："鱼找鱼虾找虾嘛。"

母亲："今后有什么打算？"

王维："在家好好陪您一段时间，适当的时候，再出去找些事儿做。我不出去工作，朋友们就都把我当难民看待。"

母亲："贫儿怎么没怀孕？"

王维："您不是总说，一切都是缘分吗？"

母亲："哦。你少喝点儿酒吧。"

……

母亲："你小弟弟，过几天就回祁县，王家祠堂需要一个人，族里长辈们选中了他。两个妹妹也都许配给人家了，过两年就嫁过去了。都是普通的百姓家，也都是好人家，我很满意。"

王维："弟弟妹妹们都是善良朴素的人，都会有好生活的。"

母亲："是呀。只要没有过分的奢望，每个人都能过得很好。"

裴迪来了。

进了院门就大声嚷嚷："我昨夜做梦，梦到哥哥回来了，今天一早就往这跑。哈哈，我的梦真准啊！"说着就伸出两条粗壮的胳膊熊抱住王维。王维嘶声说："你再用点儿力，我就该到阴曹地府去了。"

院子里全是裴迪的声音，王维说："求求你小点儿声说话，我这院子太小，装不下。"裴迪就趴在王维的耳朵边说："我只想把声音灌进你的耳朵里。"

裴迪喝酒，王维喝茶。裴迪问道："为什么？你哪里不舒服了？"

王维："我看着你喝酒，我很高兴，我陪着你喝酒，只是你高兴。现在，我想自己高兴。"

裴迪终于压低了说话的声音："是不是老母亲不让你喝酒？上次我来，老母亲说嫂子不怀孕，就是你心情不好，总喝酒造成的。"

王维："是我造成的，但不是酒的罪过。"

裴迪在王维家住了一夜，第二天说："哥哥，到我的山庄去看看吧，好山好水，还有你这好兄弟。"王维说："好啊。五年前就想去了。"

王维跟着裴迪走了。

从裴迪的山庄回来，王维感触很多。裴迪过着神仙般的日子，自然的山水，自由的鸟鸣，野性的风云。王维暗忖：我也该有这样一处僻静之所。遂得诗一首，既是羡慕裴迪，也是激励自己。

登裴秀才迪小台作

端居不出户，满目望云山。

落日鸟边下，秋原人外闲。

遥知远林际，不见此檐间。

好客多乘月，应门莫上关。

王维到岐王府，拜谢这五年来岐王对家里的照顾。岐王说："摩诘，是我害了你们啊。你现在回来了，就在家好好修身养性，未来的日子还长，机会多着呢。"

岐王摆下酒席，王维不喝酒。岐王愣着眼睛说："你不喝酒了，还是诗人吗？"王维说："王爷，我这五年身心疲惫，已经盛不下酒了。待我恢复恢复，再陪您喝。"岐王点了点头说："好吧。我先饶你这一次。"

酒喝至半途，岐王问："去看九妹了吗？"王维说："还没有。近日就去。她的那匹马，已经老了，我在想是不是给她换一匹强壮的马送过去。"岐王哈哈大笑："九妹只在乎你，不会关心马的。你也不必送还了，去看看她，比给她一百匹马还重要。"

玉真公主老了，说话时没有了霸气，而且语气中带着慈祥。"摩诘，这五年受了不少苦吧。""没受过什么苦，就是想母亲，想你们，想得痛不欲生。""这还不是苦嘛！"

王维发现玉真公主的客厅里，摆放着一张仲尼式的古琴。玉真公主说："岁数大了，听琵琶觉得闹得慌，听古琴还能安静些。你弹一曲吧。"王维说："古琴平时我弹得也少，今天就给你弹一曲吧。"

王维坐在琴床前，调整呼吸，沉肩垂肘，左手徽位右手抚弦。琴声悠悠地飘了出来，玉真公主闭目端坐，仔细听琴。

曲终，王维站起来，玉真公主说："怎么弹《幽兰》？是感伤自己生不逢时，被埋没于荒草？"王维压低声音说："兰生于山林，不会因为无人观赏而不吐露芬芳的香气。"玉真公主笑了，"你早就香溢天下了，就等着再度花开吧。"

王维转了话题，说："你觉得我的古琴和琵琶哪个弹得好？"玉真公主："都好。不同的好。年轻时喜欢你弹的琵琶，铿锵有力，豪情四溅；现在喜欢你弹的古琴，气韵内敛，优雅含蓄。""你是说，我也老了。""都会老的。就看你服不服老之将至的现实。"

两个人又聊了一些家长里短、人文江湖以及未来打算。王维说，前几天去裴迪的山庄玩了两天，山庄在大山的怀里，花草树木在家园四周，鸟儿的叫声就在耳旁，真的很羡慕。玉真公主说："你也想住到山里？还是老了。好吧，我有机会就给你找一处。"

秋去冬来，一场大雪把大地的旧事物全都覆盖，世界像新的一样。

贫儿怀孕了，这让王维和母亲都极为高兴。母亲对贫儿说："以后家务事就少做点吧。"贫儿说："母亲，我没那么娇气。"

王维在书房里画画。画面是一场大雪把房屋、树木和远山都变成洁白的一片，在房屋的院子里，站着一棵翠绿的芭蕉。题名：雪中芭蕉。

贫儿走过来看，看了一会儿，问："大雪天，怎么会有绿芭蕉？你是在暗示顽强的生命，不怕天寒地冻？"王维答："不。大雪带来了崭新的天地，也暗示新的生命在默默地生长。"贫儿说："没看出来。"王维说："你摸摸自己的肚子，就明白了。"贫儿轻拍了一下王维的脸蛋："你这个坏蛋！"说完就走了。

岐王派人来请王维，说是去赏雪。王维就把这张《雪中芭蕉图》带上了。

坐在岐王府的阁楼上看雪，一望无际的白，让王维觉得这是空。岐王说："摩诘，今天喝点酒吧。""好。今天是喝酒的好时候。"

喝着酒，聊着雪，岐王突然说："古今画家，画雪景的人不多，要么，你画一张？"王维："刚才我在家已经画了一张，正要请王爷指点呢。"说着从怀里把《雪中芭蕉图》拿出来递给岐王。

岐王展开画，看了一会儿，连声说："好，好，好。这是我看到的第一张把雪景画得这么好的画。不过你这个翠绿的芭蕉，该怎么理解呢？"王维说："王爷想怎么理解，就怎么理解吧。"岐王："哈哈，我明白了。这芭蕉是你呀！是在暗示你四季变化都不影响旺盛的生命力，有任何艰苦环境也不能伤及你的信念。"王维："这是王爷的理解，我作画时，没想这么多。只觉得一片白是空的，画一棵芭蕉，让画面的对比强烈一点。至于，芭蕉为什么会生长在雪野中，那就见仁见智吧。"岐王说："好画。你带来，是不是要送给我啊？""王爷要是喜欢，就留下。""喜欢。喜欢。"

从岐王府回来，贫儿问："那张画送给岐王了？""嗯。""我还有些舍不得呢。""有啥舍不得的？我随时都可以再画嘛。""哼，你就没给我写过一首诗，画过一幅画。""我这个写诗的、画画的人都是你的呀。""你就会跟我贫嘴。今天喝酒了，早点睡觉吧。""你先睡吧，我去书房再坐会儿。"

王维很长时间没喝酒，今天喝得不多，却思绪万千。酒这种东西，是一把钥匙，能打开长年锁着的心思。王维坐在书房，感叹自己这些年在生命力最旺盛时候的荒废、失意，失落一股脑地涌上心头。铺纸，写诗。

不遇咏

北阙献书寝不报，南山种田时不登。

百人会中身不预，五侯门前心不能。

身投河朔饮君酒，家在茂陵平安否？

且共登山复临水，莫问春风动杨柳。

今人作人多自私，我心不说君应知。

济人然后拂衣去，肯作徒尔一男儿。

写完，看了一遍，觉得自己有点儿脆弱，还有点儿矫情。想撕了，转念又想：这就是此时此刻的我，为什么要掩盖、撕掉呢？留着，也算是有诗为证。

贫儿怀孕期间身体一切正常，母亲看着贫儿的肚子一比一天大，心里和脸上都洋溢着喜悦。母亲对王维说："你该想想给孩子起个名字了。"王维说："我的名字是母亲起的，我孩子的名字也由母亲起吧。""好。我琢磨一下，男孩儿叫什么名字，女孩儿叫什么名字。"王维："都听母亲的。"

贫儿就要临产了，王维请来远近闻名的一位产婆。产婆给贫儿检查了一遍，惊惶地跑出来对王维说："你赶紧再去请一位产婆，夫人难产了，我一个人不行。"

小山驾着马车一路飞奔，又请来一位产婆。

王维站在门口焦急，母亲跪在佛像前念经："众生病，则菩萨病。众生病，则菩萨病。众生病，则菩萨病。"

没听到孩子的哭声，却听到了王维的哭声。母亲的泪也落了下来。

处理完贫儿的后事，王维像失水的茄子，蔫蔫地呆坐在书房。

母亲走过来，想和王维说几句话，可是说什么呢？母亲在王维身边站了一会儿，就回到自己房子里继续念经。

一个月过去了，家里的人都在静默中生活。

一日，王维去母亲房中请安，母亲对王维说："王蛰来找我了，他年纪大了，想回山西老家去，如果咱们需要就把小山留下，不需要就跟他一起回老家。"王维说："是啊。王蛰在咱们家四十多年了，该让他回老家安度晚年，小山也跟着回山西吧。家里就剩咱娘俩，不再需要人了。""好。你去告诉他们吧。"

王维来到门房，对王蛰说："母亲跟我说了，你们收拾一下东西，回去吧。你再看看，家里的东西，只要你带回去有用、能用的都带走吧，我和母亲两个人，很多东西都用不上了。咱们不是主仆，是一家人，不用说客气话。"然后对小山说："这套马车，你赶回山西老家，我这里不用了。我既不会喂马，也不会驾车，留在这里，还是负担。"小山点了点头，说："公子，我回老家看看，如果家里不需要我，我再回来。"王维笑着说："我们随时欢迎你回来，但是，你已经长大了，该在家里撑门立户了。"

说完，王维把一小袋银子交给王蛰，说："回老家，这东西还用得着，以后有什么需要就告诉我，我会尽力。"

王蛰接过银子，低着头，一声没吭。

家里前院王维，后院母亲。

王维每天早上煮一锅稀饭，娘俩吃一天。用盐水煮一锅胡豆，娘俩吃五天。每天再调剂一些应时的青菜。就这样，王维和母亲一样，一日三餐吃素。

裴迪来了，无声无息地进了院子。王维和裴迪默默地坐着，裴迪说："我去煮饭吧。"

吃饭的时候，裴迪喝酒，王维喝白水；裴迪吃肉，王维吃青菜。裴迪指着一盆煮鸡蛋："鸡蛋你也不吃？难道鸡蛋不是素菜？"王维说："如果母鸡身边有个公鸡，鸡蛋就不是素菜。""哎呀，谁能看得住母鸡身边没有公鸡啊。""所以，我不吃，你吃。"

裴迪住下来，把王维煮饭的事儿接了过去，不过，他每天还是要吃肉、喝酒。

岐王府派人来请王维，王维跟着来人走了。

岐王看到王维一副无精打采的样子，说："摩诘，振作起来。"王维笑着说："王爷，我没有堕落，无喜无悲，在静静地思考人生。""哈哈，这世界还有你王摩诘想不明白的事儿吗！是没有让你兴奋的事儿吧？今天喊你来，就是要告诉你一件事儿，左丞相张说病逝了，临终推荐张九龄。皇上已把张九龄调进京来了。呵呵，这是张九龄第三次进京了。现任工部侍郎兼集贤院学士，很快就晋级宰相。张九龄可是很欣赏你的哟。"王维"嗯、嗯"地点头说："谢谢王爷，摩诘明白了。"

张九龄果然做了宰相，王维觉得有机会回到朝廷做事儿了。"我需要工作，需要薪水，需要人际关系。"王维想了一下，该怎样去找张九龄，想到最后，还是写一首干谒诗呈了上去吧。

上张令公

珥笔趋丹陛，垂珰上玉除。

步檐青琐闼，方幰画轮车。

市阅千金字，朝闻五色书。

致君光帝典，荐士满公车。

伏奏回金驾，横经重石渠。

从兹罢角抵，希复幸储胥。

天统知尧后，王章笑鲁初。

匈奴遥俯伏，汉相俨簪裾。

贾生非不遇，汲黯自堪疏。

学《易》思求我，言《诗》或起予。

尝从大夫后，何惜隶人馀！

所谓"干谒诗"，就是先夸对方，再表扬自己。不过，这首诗，王维拍张九龄马屁，还没拍到让人肉麻，表扬自己也算得体。

张九龄也是几次被贬，两次外放的官员，对王维的心情和处境很清楚。加上本来就对王维的才华和为人很是赞赏，很快就奏请皇上，并得到皇上批准。重新启用王维。

王维把"干谒诗"呈给宰相张九龄后，心里并不是很有底。他对张九龄很崇敬，张九龄也很欣赏他。过去和张九龄的几次交往，虽然谈的不是很多，但是聊起来双方都很舒服。当然，张九龄是前辈，王维只有毕恭毕敬的份儿。

吃过早饭，王维看到天气晴朗，日光很足，就站在院子里伸伸懒腰，活动活动胳膊腿。这时，有人敲门，王维打开门一看，是张九龄。王维赶紧说："张相国怎么到寒舍来了，有什么事，派人来喊我一声就是了。"张九龄说："我就不能到你这里讨杯茶喝吗？"王维把张九龄请进书房，端上茶，然后坐下说："相国来找我是有事吧？是不是我的诗，让您为难了？"张九龄笑着说："我有什么为难的？朝廷里有那么多职位空着，用一个好人，一个'天下文宗'，不是比用一个庸人、佞人好吗。"

王维一听，高兴了，说："相国用我了。真是要谢谢您了。不过，皇上没说我什么吗？"张九龄说："皇上看了我的奏章直接批复了，没多说一句。摩诘啊，皇上当初反感你，是因为你和宁王、岐王走得太近。皇上可以无限地宠着那二位王爷，但绝不希望二位王爷身边的官员太多，不能允许王爷们身边形成小集团。现在，二位王爷也规矩了，对你也就不会有反感了。还有，你这个人有个特点，就是让人放心。"王维带着疑问，小声地重复着："让人放心？"张九龄喝了一口茶，说："皇上用人，这个人有多大能力不重要，让他放心才是最重要的。你就是个诗人，又是影响天下的诗人，没做过任何参与政治、军事的事；平时也没有过激的行为和言论，这些就让皇上放心了。所以，我说重新启用你，皇上就批准了。"王维说："相国这样一说，我明白了，不问朝政混饭吃的人，皇上就会放心。不过，是您抬举我，让我再次入朝，而皇上是因为我没有任何政治野心，才批准了您的奏折。"张九龄说："也可以这样理解。朝廷里什么人都有，不做事，不会做事，混事的人很多，这些人不可怕。可怕的是那些不会做事却挖空心思想着升官的人，这些人升官是为了满足自己的私欲，并不是为朝廷和百姓解忧排难。所以，有谁挡了这些人的升官路，这些人就会像疯狗一样咬人，咬能做事的人。"王维问："皇上不知道这种情况吗？""皇上当然知道，但是皇上装着看不见。因为这些人，可以制约能做事、会做事的人。官员之间出现矛盾，是皇上最喜欢的，官员把矛盾闹大了，皇上就出面来处理了，无论矛盾的哪一方都要喊'万岁'了。"王维说："谢谢相国教导我。我知道入朝后该怎么做了。"张九龄说："嗯。你就占着那个位置，把该做的事做好就行。好人占着位置，比坏人在那个位置上，让我放心。"

他们又喝了一会儿茶，聊了一会闲天，张九龄就起身要走，说："你明天就去上朝。"

王维重新入朝为官，任右拾遗，八品官。这个职务级别不高，但位置重要，是中央机关的核心机构。职责是给皇帝执政提意见的，可以谏诤皇帝，弹劾大臣，还可以举荐贤才。

王维在岗位上不会积极主动、没事找事，但也是尽职尽责，不能给张九龄带来麻烦。那时，王维内心里对张九龄的感激，盈满心间，又满怀感激地给张九龄写了一首诗《献始兴公》。赞颂张九龄是"所不卖公器，动为苍生谋。"然后表态：这辈子，我王维就是你的小兄弟了。"贱子跪自陈，可为帐下不。"

王维在最需要被认可的时候，张九龄推举了他，还四处赞美他。在王维心里，张九龄对他有再造之恩。

王维的工作，让张九龄很满意。但是，后来，张九龄再次遭到暗算，被贬至荆州任长史。李林甫成功地扳倒张九龄后，自己做了宰相。

张九龄被罢免宰相，恩主落难，王维心里极为难过，根本不在意李林甫是否会对自己下狠手，立即给张九龄写诗寄往荆州，并继续称张九龄为丞相。

寄荆州张丞相

所思竟何在？怅望深荆门。

举世无相识，终身思旧恩。

方将与农圃，艺植老丘园。

目尽南飞鸟，何由寄一言！

王维把这首诗写完，自己读了一遍，不禁潸然。

张九龄接到王维的诗后，回写了一首诗《复王维》："荆门怜野雁，湘水断飞鸿。知己如相忆，南湖一片风。"

李林甫并没有因为王维是张九龄的门生，而对王维怎样。继续使用，只不过是不会信任。李林甫也明白：王维就是个诗人，还是举国闻名的大诗人，他和张九龄关系好，朝野内外都知道，只要不给他权力，养在朝廷内还能赚个好口碑，对其他政治人物就不能客气了。

李林甫在当宰相的第二年对诗人做了一件大坏事。在他的控制下，那年的进士科考试一个人才都没有被选中，并且他还告诉玄宗皇帝：天下已经没有人才可选了。

参加这次进士考试的诗人中，就有杜甫。

王维在书房里呆坐，裴迪进来问："你在想啥呢？"王维说："你今晚煮的菜，有点儿咸。""嗨、嗨、嗨，别顾左右而言他。是不是想着怎么对付李林甫呢？"王维说："他是一品宰相，我是个八品的差人，我想对付他，也得能够得着啊。再说，他已经成功夺得宰相，有必要对张九龄恩相使用的人都赶尽杀绝吗？他也得要为江山社稷大肚能容的好口碑不是？"

裴迪问："你说说，李林甫这个人究竟怎么样吧？"王维斜了裴迪一眼，单掌立于胸前，做拜佛状，拿腔作调地念经："不思善，不思恶。善恶莫思量。"裴迪一把将王维放在胸前的手掌拉下来，说："不分善恶的人，不是菩萨，是助纣为虐的坏蛋。不，是比纣王还恶的恶人。在我眼里，李林甫就是个魔鬼。"王维咧嘴一笑："没有能力和魔鬼打交道，怎么能把人做完整呢？你读过《搜神记》吗？那本书就是教导人怎样与魔鬼打交道的。不懂魔鬼是何物，是要被魔鬼害的。小伙子，你还是喝酒时比较可爱。成人的世界太复杂，你就别费脑筋了。""嘿嘿嘿，你说谁没长大！谁没长大！"

　　王维接到朝廷指令，让他出使凉州。

　　王缙说："哥，凉州节度使崔希逸是个有勇有谋的忠义之士，做事为人都很正。他和母亲是同一家族，也是'博陵崔氏'。现在我朝和吐蕃的和平就是崔希逸的功劳，不过，他的幕府里小人很多，你去了要小心。"王维微微一笑："我既不参与政务，也不会参与军务，就是抱着看看边关风土人情的目的，走一圈罢了。"王缙又担心地说："李林甫对崔希逸并不信任，这次让你去，是何用心，还不好说。"王维沉沉地说："崔希逸与吐蕃在边界立栅栏为界，各自耕种放牧，互相不侵犯，百姓过得很安逸。但是，崔希逸的侍官孙诲入朝奏事时，为了取悦皇上，竟妄言建议趁吐蕃不备，出兵掩杀。皇上有点儿被说动了，只是顾忌崔希逸的功劳和影响，目前还按兵不动。派我去，无非就是考察一下边关的情况，是打还是维持现状。"王缙说："不能打啊！边关百姓好不容易有几年好日子过。"王维："打与不打的决策权在皇上和李林甫，我肯定是希望不打，让老百姓过上和平的生活。我走了，什么时间回来，还不好说，你就在家好好地陪着母亲吧，别出去跑了。"

和王维一起出长安西行的还有一位官员叫元常，因为他在家排行老二，大家也都称他元二。元二去安西都护府（今新疆）。王维去河西凉州都护府。他们从长安出发，第一天到了渭城驿馆歇息。

元二是个军人，直率，诚挚，平日在朝中时，王维与元二私交就很好，现在两个人同时被派往边关，内心都有难言的苦衷。渭城驿馆的晚上，元二大碗喝酒，王维小杯相陪。

元二说："我是军人，提枪上马征战，我毫无畏惧，只是无论打赢了还是打输了，内心都会有些沮丧。为什么要打仗？各守边界，相安不扰，不行吗？"王维说："不行，因为贫富不均，更因为想打仗的人欲壑难填。打仗表面看着是军事行为，其实，是政治行为。哪个皇帝不希望国土越大越好，子民越多越好，财富越丰厚越好。如果，你把打仗只看作是军事行为，那你真是死都不知道为谁死的。"元二说："按你这个说法，军事将领仅是权力的工具？""军队是一座房屋的外墙，房屋没有外墙，就四面漏风，四处进贼。房屋里不仅住着皇上，还住着百姓啊。""好吧。你这个诗人，说起道理来总是一套一套的。咱们还是喝酒吧。"

外面下起了雨，伴着雨声，两个人喝着酒，聊着天南海北，很舒爽。

第二天早晨，王维与元二站在即将分别的岔路口，两个人默默地相拥，然后对视，接着转头准备各自走，元二突然勒马站住说："你要给我写首诗。"王维说："好。"

送元二使安西

渭城朝雨浥轻尘，客舍青青柳色新。

劝君更尽一杯酒，西出阳关无故人。

诗写完，元二看了，几乎让他这个戎马一生的人落下泪来，高喊："拿酒来！"

元二向正西，王维向西北。

为这首《送元二使安西》的诗，我不得不现身。其实，我到唐朝找到王维后，就一直跟在王维的身旁或身后。当然，该我躲开的时候，我也会躲开。

《送元二使安西》这首诗，被后人不断使用，直到今天。在戏剧、音乐中被使用得更为广泛。有一个古琴曲叫《阳关三叠》，就是源于这首诗，并有人以王维的这首诗为蓝本，重新配了词，叫琴歌。《阳关三叠》的词，是我看到的最恰切的、尊重原诗的词。《阳关三叠》的词，并没有把王维的诗意提升，但是有拓展和延伸。我录在这里，供一阅。

《阳关三叠》琴歌歌词

清和节当春。渭城朝雨浥轻尘，客舍青青柳色新。劝君更尽一杯酒，西出阳关无故人。霜夜与霜晨，遄行，遄行，长途越度关津，惆怅役此身。历苦辛，历苦辛，历历苦辛，宜自珍，宜自珍。

渭城朝雨浥轻尘，客舍青青柳色新。劝君更尽一杯酒，西出阳关无故人。依依顾恋不忍离，泪滴沾巾！无复相辅仁，感怀，感怀，思君十二时辰。参商各一垠。谁相因，谁相因，谁可相因？日驰神，日驰神。

渭城朝雨浥轻尘，客舍青青柳色新。劝君更尽一杯酒，西出阳关无故人。芳草遍如茵。旨酒，旨酒，未饮心已先醇。载驰骃，载驰骃。何日言旋轩辚？能酌几多巡？千巡有尽，寸衷难泯。无穷尽的伤感，楚天湘水隔远滨。期早托鸿鳞，尺素申，尺素申，尺素频申，如相亲，如相亲。

噫！从今一别，两地相思入梦频。闻雁来宾。

关于《送元二使安西》这首诗的延伸，就说到这里，我继续隐身，随王维去河西凉州都护府。

傍晚，王维走到了黄河边。一轮滚圆的夕阳照在河面上。王维立马观看，河里流动的是血，还是燃烧的火？远处的风把沙子卷起，是指向苍天的长枪，还是正在嘶喊的狼烟？万千思绪，此时顿时涌向心头。他回头对随从说："拿纸笔来！"

一首名字叫《使至塞上》的诗写成，"大漠孤烟直，长河落日圆"两句出生。

王维到达河西凉州都护府，崔希逸不冷不热地接待。王维心里清楚，崔希逸对自己不信任，不知道自己是来干什么的。王维主动对崔希逸说："崔节度使，我是奉命来你的幕府的。上面并没给我指定任务。不过，请你放心，我不参与你的政务，更不参与你的军务。我希望你别有负担，你忙你的政务、军务，我四处走走，看看风景。"崔希逸说："王御史是本朝的大诗人，来边关还是有新鲜的东西可看的。有什么需要，跟我说一声就行。"王维说："一匹马，三两军士随行即可。""好。"

王维在边关走了几天，也没和崔希逸见面。随着王维游走的军士告诉崔希逸，这个王御史，就是看风光，不时地拿出笔画画，不问政务军务。崔希逸听完军士的汇报，心里踏实了一些。又过几日，王维依然如此。

一日，崔希逸坐在府里有点儿闷，就让军士请王维来喝茶聊天。

天南地北地聊了一阵子，突然，崔希逸问："王御史在朝廷没听到我的事吗？"王维说："节度使是本朝的大功臣，能文能武，机智勇敢，朝廷尽人皆知啊。"崔希逸："不是这个。我和吐蕃和平解决了边境争端，立栅栏为界，各自耕种、放牧，互不相扰，没人去到皇上那里奏本吗？"王维说："节度使，我并不是皇上的近臣，这些事，有或没有，我都不会知道的。"
崔希逸点了点头："也是。"然后叹口气说："和吐蕃打了这
么些年仗，打的都是劳民伤财的战争。现在，能和平共处了，
有人却说我软弱，不敢打了。皇上已经被小人挑唆得有点对我
不高兴了，想让我趁现在吐蕃不备，突袭吐蕃，夺回前些年被
吐蕃侵占的土地。可是我没同意，坚持要维护现状，让两边的
边民休养生息。"王维说："如果皇上一定要打，你能拦住
吗？""拦不住，但我在这里，就可以拖延。皇上实在想打，
只能换别人来，把我换走。"王维问："是什么人在皇上面前进
谗言？""我的侍官孙海。""侍官孙海？他人呢？""在京城，
不敢回来了。""孙海为什么要这么做？"崔希逸摇着脑袋说：
"主要是要讨好皇上，皇上几年前曾御驾亲征，却吃了吐蕃的
败仗，至今还耿耿于怀，随后才把我调到河西节度使任上来的。
皇上希望我打，平复一下心里闷气，没想到，我打了一阵，把
边界推到现在这个立栅栏的地方，我就不打了，皇上不太满意。
另一个是，我太正了，孙海想得到一些个人私利，被我制止，
所以就跑到京城皇上面前告我的黑状。现在，皇上很可能派人
来接替我，要和吐蕃再打。"

　　王维听到这儿，说："如果，你被调离河西凉州府，我也就
回长安了。""为什么？"王维笑了："我来时，接到的指令是
到崔希逸节度使的幕府做判官，你不在河西凉州府，节度使不
是崔希逸了，我自然就可以回去了呀。"崔希逸这是才笑了起来。
"你真是个诗人啊，可以咬文嚼字到这种程度。"

崔希逸果然被调任至郑州，王维也回到了长安。

王维回到长安，还是五天或七天上朝一次，其余时间都在优哉游哉地游玩。

一日，王维上朝回来，对王缙说："我要去桂州。"王缙说："知南选？"王维说："嗯。"王缙说："不是个好差事。"王维说："无所谓，朝廷这些选贤才，南选北选的，最后用谁，不都是皇上一句话嘛。我们下去把材料拿回来上报，就不用再操心了。"王缙说："就是，办差而已。你知道吗，现在就连县尉都是皇上点名才行，各州府的意见还是挺大的，只是不敢公开谈论而已。"王维说："皇上就是皇上嘛，金口玉牙，说啥是啥，咱们不操这份心。不过，我这次去桂州，回来时可以去韶州看看恩公张九龄，然后到襄阳看看孟浩然，再到洛阳拜会一些朋友。"王缙一听，笑了："哈哈，你这是公差私访两不误啊。"

王维一行到桂州，很快就把"知南选"的公事办完了，王维对其他人说："你们回吧，我到其他地方转转，访几个故人，再回。"

王维先到了张九龄的老家韶州，去看望恩公张九龄。从恩公归隐故乡后，就一直没有联系。可是，王维到张九龄家后，得知张九龄已经去世快一年了。王维痛心地坐在了地上。心想：恩公去世我怎么都不知道呢？按时间算，恩公应该是今年春天的时候离开这个世界的，可为什么没人告诉我呢？我不经常上朝，也不和朝廷的幕僚们接触，所有的消息都被闭塞了啊。

王维走到张九龄的墓地，看着墓碑，静静地坐在地上。王维想跟张九龄说几句话，可是，转念一想，此时千言万语都不如默默地对视。恩公太了解我了，我也很了解恩公。

想起最后一次和恩公的书信来往。那是得知恩公欲回老家韶州归隐时，写了《酬张少府》一诗，表明自己也走在归隐的途中，只是现在朝廷还要挂个闲职，偶尔办个闲差。这首诗是用快马速递的，恩公张九龄看了后，在回乡的途中回寄给了一首诗《南还湘水言怀》，也表达了对从政之途的深深失望，同时提醒王维，一定要自己内心强大，要懂得自娱自乐。唉，像恩公这样才华出众，有着强大政治抱负，要为江山社稷鞠躬尽瘁的人，都心灰意懒地归隐乡里，足以证明官场不是有才华有能力就能干出大事业的地方。只可惜，归乡时间不长，就驾鹤西去了。痛哉！哀哉！

王维在心里又背诵了一遍张九龄的《南还湘水言怀》。

南还湘水言怀

拙宦今何有，劳歌念不成。

十年乖凤志，一别悔前行。

归去田园老，倘来轩冕轻。

江间稻正熟，林里桂初荣。

鱼意思在藻，鹿心怀食苹。

时哉苟不达，取乐遂吾情。

唉，没有恩公张九龄，我王维，现在很可能是哪个庙里的和尚，或者是要以卖画为生的画匠。

王维在张九龄的墓碑前，坐了一个多时辰，一动不动。树上的几只鸟轮番对王维呼叫，好像说：你起来活动活动，坐的时间太长了。一些蚂蚁已经顺着王维的脚背爬到了他的肩头。

从韶州出发，王维又来到了襄阳，想着要和孟浩然在一起快乐几天，掩藏住恩公张九龄辞世的哀痛。

到了孟浩然的家，所有人都愣愣地看着王维。王维说："六哥呢？"这一句问完，身边的人就抽泣起来。孟浩然两个月前，已经病逝了。

轰天大雷在王维的脑袋里炸响。

王维坐在孟浩然的书案前，看着案头的一些书籍、诗稿，潜然泪下。在王维的心里，孟浩然是值得信赖和最值得深交的朋友。孟浩然对朋友像一汪水一样清亮透彻，做人像铁一样宁折不弯，仗义，守信，诚挚，善恶分明，侠肝义胆。

一次，就在他的太乐署，他俩正聊着天，皇上突然来了，孟浩然怕给王维惹麻烦，开始还躲到桌子下面，但是被皇上发现了，并没有对王维责难。皇上对孟浩然说："久闻你是个大才子，读一首诗给朕听听。"孟浩然竟把刚写的发牢骚的诗读给皇上听，而且诗中直接讥讽了皇上。虽然，皇上没生太大的气，没有惹出大祸，但那之后，就让孟浩然此生与仕途无缘了。也好，他乐得自在逍遥。可是，可是，怎么就……

孟浩然这些年来的音容笑貌，在王维的脑海里一一浮现。这些年他俩互赠的诗，也在字字扎心。

"孟六哥不在襄阳了，襄阳就是空城啊！恩公张九龄走了，六哥孟浩然走了，我的心也空了一大半。这个世界上能和我说知心话、听我说知心话的人，还有几个人？"王维想到这儿，拿起孟浩然留下的笔，在孟浩然的书案上写下了《哭孟浩然》。

哭孟浩然

故人不可见，汉水日东流。

借问襄阳老，江山空蔡洲！

王维带着悲痛，渡过汉水，到达南阳，休息一下准备去洛阳。街上闲走时，竟然巧遇六祖慧能法师的弟子神会法师。当年，他们两个人曾在洛阳聊过一夜的佛经，现在街头偶遇，也真是缘分。

他们到驿馆里坐下，交流了一会儿分别这些年的经历。接着，神会法师说："你既是天下文宗，又精通佛经，我想在六祖师父的故乡曹溪立一块碑，把师父一生研究的佛法理论及对后世的影响刻上去，正愁着请哪位高人来写呢。今天遇到你，我有个不情之请，是否肯为六祖师父写个碑铭？"王维略想了一下，说："好，我写。"

王维一夜都在想六祖慧能法师的《坛经》，想"直指人心，见性成佛"的法门。想六祖慧能法师为中土佛教开辟的崭新、宽阔的佛学之路。想透彻了，碑文也就胸有成竹了。

《六祖能禅师碑铭》写完，王维读了一遍，还比较满意，但觉得应该有几句提纲挈领的话才好，于是，又在正文前加了一小段序文：

> 无有可舍，是达有源；无空可住，是知空本。离寂非动，乘化用常，在百法而无得，周万物而不殆。鼓枻海师，不知菩提之行；散花天女，能变声闻之身。则知法本不生，因心起见；见无可取，法则常如。世之至人有证于此，得无漏不尽漏，度有为非无为者，其惟我曹溪禅师乎！

王维把碑铭正文及序言，交给神会法师，神会法师读后，大喜过望。说："事实证明，这篇碑铭，只有你才能写得如此完美和精妙。你把师父的一生和师父所追求的佛学理念，由浅入深地叙写清楚了，还举了这么多佛家与民俗的典故，使得师父的形象也鲜活起来，无论谁读到这篇碑铭，都会接受师父，接受佛学。将来佛学在大唐兴盛，你厥功至伟！摩诘，这篇碑铭，太完美了，是我真正想要得到的啊！"王维说："神会法师，咱们别说客气话，你觉得哪儿不合适，我再作处理。对六祖慧能法师，我只有敬畏，对佛经只有敬畏，对人生更是只有敬畏，综合起来，是在巨大的敬畏力量驱使下，我才写完了这篇碑铭。"

神会法师说："非常好！非常好！师父在天有灵，让我在这里遇见你啊！"

王维谦逊地说："神会法师觉得能用就好。千万不要谬夸。"

王维与神会法师分手后，决定不去洛阳了，直接回长安。

&& ##*$* && ##*$* && ##*$*

我："你抱怨过自己的命运不济吗？"

王维："命是定数，与生俱来。一生要遇到哪些人，经历哪些事儿，都是躲不过去的。青年时被贬济州，中年时丧妻，都是命中的定数。但是，运是变数。其实，我现在很好。母亲康健，只是——"

我："只是什么？"

王维："我觉得，我的命数中，还有一些现在没到来的事儿，还不能给我这一生下结论。"

我："会变好，还是变坏？"

王维："好坏都有吧。"

我："要努力去改变一些什么吗？"

王维："命里有的早晚会来，不可改变。运气的事儿，也不必过多努力。佛家讲因果，我尽力做个真诚、善良的人就够了。"

我："还会再娶妻吗？"

王维："我已有三房妻妾了呀。"

我："哦？"

王维："诗、画、琴，会陪伴我的晚年。母亲是我的家长，母亲百年后，佛就是我的家长。"

我："会皈依吗？"

王维："我在官场上，说了很多违心的话，写了一些拍马屁的诗，我都不会原谅自己，为什么要去难为佛呢？"

第八章

灯下草虫鸣

玄宗皇帝要到骊山温泉去游玩，要李林甫陪同，李林甫让现任左补阙的王维也跟着去。王维心想：这是考察我对他的态度啊。

　　皇上游玩，身边有李林甫，王维只能远远地跟在大队人马的后面。李林甫环顾左右，发现没有王维，就喊："王摩诘怎么在后面？快跟在皇上身后。"王维乖乖地跑到皇上身后。李林甫从怀里掏出一张写了字的纸递给王维："摩诘，我给你写了一首诗，你看看，给我指点指点。"王维马上说："宰相本是高才，下官哪敢指点？我只有拜读学习的份儿。"

　　晚上回到宿舍，王维拿出李林甫的诗，通篇赞美王维，多才多艺，大唐巨匠，等等。王维想：我也得回一首诗吧？怎么写呢？他写诗赞美我，就是等着我写诗颂扬他的。嗨呀，反正我是混饭吃的，那就混点儿好饭吃吧。于是就写了《和仆射晋公扈从温汤》。

和仆射晋公扈从温汤

天子幸新丰，雄旗渭水东。

寒山天仗里，温谷幔城中。

奠玉群仙座，焚香太一宫。

出游逢牧马，罢猎有非熊。

上宰无为化，明时太古同。

灵芝三秀紫，陈粟万箱红。

王礼尊儒教，天兵小战功。

谋猷归哲匠，词赋属文宗。

司谏方无阙，陈诗且未工。

长吟吉甫颂，朝夕仰清风。

　　这首诗，前八句写李林甫陪天子出游，天子的队伍威武；后面就全是赞颂李林甫的高大形象了。李林甫本来是"素寡学术"的，王维在诗中却夸他"谋猷归哲匠，词赋属文宗"。这马屁味太足了，这是在王维诗中不多见的。即使是皇帝下令写的那些应制诗，王维也很克制，引经据典绕着圈写，也不会有奴才相。而这首颂扬李林甫的诗，有点另类。

　　王维看着这首诗，自言自语地感慨了一句：唉，安身立命，真不是一件容易的事啊！

　　李林甫看了这首诗非常高兴。拍着王维的肩膀说："果然是巨匠。好好干，来日方长。"

　　李林甫有一个心腹叫苑咸，是王维的老相识。苑咸会说梵语识梵文，能书画懂音乐，是个才子。苑咸与王维常互有诗词赠答。苑咸看了王维写给李林甫的诗后，对王维说："你已经好久没升迁了，李（林甫）相国该记得这事了。"王维说："我能混到今天这样已经知足了，不去做升迁的梦。"

王维回到家，他给李林甫写诗的事儿就没告诉裴迪，不愿意听裴迪讥讽自己。

玉真公主派人来，要王维明天到公主那里，有要事商议。

来人走后，裴迪酸酸地对王维说："哟，还有要事商议。你和公主道姑有什么要事？除了不能告诉我的，把能告诉我的，都告诉告诉我呗。"王维也斜着看了裴迪一眼："你明天跟着我去，不就知道了吗。""我不去。公主家也不缺灯油，不用我去照亮儿。""瞧你那副嘴脸，像——""像什么？""走街串巷的泼皮。"

到了公主府，玉真公主穿着一件紫色的长袍，坐在王维对面，温和地说："坐吧，摩诘。"王维坐下后，玉真公主说："认识这件长袍吗？"王维说："我考中进士时，你穿过。"玉真会心地笑了："那是第一次穿，这是第二次穿，只有你一个人看到过，以后，再也不会穿了。朝廷有规定，三品以上的官员才可以穿紫色长袍，虽然皇上是我三哥，但我的身份是道姑，穿紫色长袍也是僭越。为什么要穿给你看，就是告诉你，和你在一起高兴，我什么都不怕。"王维低下了头。

玉真公主一招手，几个侍女端上来一些酒菜。玉真公主："一直没喝酒？"王维："没喝。""我听说你陪着我皇兄去骊山温泉都滴酒不沾。今天陪我喝几口酒吧。"王维看着玉真公主，心想：公主肯定是有事要告诉我，才让我喝酒的。然后对玉真公主说："你让我喝，我就喝吧。"玉真公主这时才露出笑容。

喝过几杯酒后，玉真公主停住了，定定地看着王维，把王维看得不知所措。"公主，你——"玉真公主笑着说："摩诘，你别紧张，我看着你，是在想我这大半生遇到的一些人。现在我已年至半百，把熟悉的人都过滤一遍，最后，觉得你是我很看重的一个人。但是，你太君子了。太君子的人，很难有交情深的朋友，还会经常被小人暗算。一个人要有点儿坏毛病或恶习，不然，太完美的人，就不可信了。还好，你有真情，还肯付出真情，肯付出真情的人，就会有真朋友，这就是我看重你的原因。一生遇到个真君子是难得的，更是可贵的。嗨，其实人生最贵重的东西，不是金钱财宝和房屋田产，是一颗真心。"王维越听越糊涂，心想：公主今天怎么了？怎么对我发这样的感慨。

玉真公主："摩诘，我今天跟你多说几句，是觉得今后我们一起说话的时候不会多了。"王维："为什么？"玉真公主："我要搬出长安城，去山里专心修道。你也该住到山里去了，你不适合在纷乱的人群里居住，不适合应酬各类的人。要静心地读书写诗，你只适合做诗人。"王维说："我早就想躲开人群，可是我能躲到哪里去呢？老母亲在家，我不能一个人躲呀。"

玉真公主回手拿出一个布袋子，交给王维说："这里是辋川别业的房契和周边山林的地契。拿去吧，好好把那些房子和林木整修一下，把老母亲接过去，安度晚年。"王维愣愣地看着公主。玉真公主说："你曾跟我说，很羡慕裴迪有个环境幽美的山庄，那时，我就答应帮你找。恰好得知曾经是宋之问的辋川别业十几年空在那里，就找到宋之问的弟弟问了情况，然后就给你买下来了。"王维："怎么能让公主给我买？"玉真公主："钱对我有什么用？趁我现在还清醒，就把钱用在我想用的地方。"玉真公主叹了一口气，接着说："现在辋川别业那里，有我府上的人在做一些清理垃圾的事，哦，你认识的，就是那个门人。"王维："公主，你对我太好了，我该怎么报答你呀？"玉真公主笑了："你又跟我君子了。这些年，你不对我很好，我会对你好嘛。我没能把最好的时光给你，已经很遗憾了。你明天就去辋川看看吧，但愿你能满意。你可以先到蓝田县，县尉的名字叫钱起，很佩服你的诗，一直想见到你呢。辋川是蓝田县的属地，你有什么需要，他会伸援手的。"王维低声说："我知道他，读过他的诗，只是没见过面。"

两个人喝着酒，聊着天。午夜过后，玉真公主说："你坐着我的马车走，明天这辆车拉着你去辋川。"

王维回到家，裴迪为等他，还没睡。看到王维回来，赶紧凑到王维的脸上去闻，说："哈，不跟我喝酒，跟——"王维一瞪眼睛说："住嘴，睡觉。明天一早跟我去辋川。""去辋川？"王维把装有房契、地契的布袋子交给裴迪，就回屋睡了。

一早，王维端着一碗粥和一盘煮青菜给母亲送去，并对母亲说了今天去辋川的事。

裴迪边喝着粥，边对王维说："玉真公主是真喜欢你，如果你早十年考中进士或者她没出家做道姑，也许就能嫁给你。""胡说八道些啥？我早十年考中进士，才十岁！""哦，十岁时是小屁孩儿，啥都不懂呢。""别胡扯了，吃了赶紧走。"

钱起见到王维一行，高兴得一脸透彻的笑容。拱手对王维说："王大人能来我们蓝田居住，可是蓝田的荣幸啊！"王维说："钱县尉客气了。我是给自己找个老来静修的地方，今后少不得要麻烦你啊。""我巴不得你早点来呀。你来到辋川，我就可以时常去找你请教。"王维看到钱起是满心的真诚，就说："咱们今后就不要说客气话了，我比你的年岁大，以后我就叫你兄弟，你就称我为兄长，还有这个裴迪，虽然也是个秀才诗人，我们也是称兄道弟的。"钱起说："太好了。太好了。你比我大，我比裴迪大，咱们是兄弟三人啊。"裴迪说："就是。称对方官职的，都是虚头巴脑的。"钱起听了裴迪的话，哈哈大笑说："裴兄弟，痛快。"

大家坐下来，钱起介绍了一下辋川的情况。"宋之问死了之后，这处院落就空在那里，几个月前，我去长安拜访玉真公主，公主问起这处院落，我就说现在空着，房契、地契都在宋之问弟弟手里。于是就找到宋之问的弟弟，玉真公主就把这处院落买下来了，并告诉我，是兄长和母亲来住，让我尽力帮助。那时起，我就在等兄长的到来呀。"王维说："这个事儿，是裴迪惹的。"裴迪一脸懵懂："怎么是我惹的事儿？"王维说："我去裴迪的山庄住了两天，觉得在大自然的怀抱中真好。就请玉真公主帮我打听哪里可以买到一个亲近自然山水的住处。前天，玉真公主告诉我，买了辋川别业，并说你在这里做县尉，我心里就踏实了。"

钱起说："兄长，咱们吃了午饭再往辋川走，我陪你们一起去。"王维说："好。"钱起问："喝酒吗？"王维答："不喝。"裴迪高声说："喝！"钱起笑了，说："裴兄弟，我陪着你喝几杯吧。兄长不喝就不勉强他了。"接着又说："江湖盛传裴兄弟是豪爽耿直的人，人品、诗品、酒品一致，今天一见，果然如此。"裴迪说："表里不一，不就成了宋之问了吗？"

钱起端酒，王维端水，钱起敬王维："兄长啊，每到过年过节时，我是必抄写一遍'每逢节节倍思亲'啊！"王维说："你写得也好。'曲终人不见，江上数峰青'是非凡的手笔，将永留青史。"裴迪对着钱起指着王维说："钱兄，你别过多夸奖他，夸多了，他就会像大姑娘一样脸红了。"王维看着裴迪说："喝掉这杯酒，吃块肉，把嘴堵上。"钱起又笑了起来，说："江湖传闻，王维与裴迪情如左右手，我看是一颗心装在两个身体里嘛。"

到达辋川，玉真公主的门人把房屋、山林的情况介绍一遍，又带着王维一行用了一个多时辰匆匆走了一圈。

王维看到这个院落有十二间房子，正房八间，东西厢房各两间。房屋背后是草坪花圃，再后面是山；房屋前面是一个很大的院子，可以用广场来形容，广场前面是一条溪水，溪水的前面还是山；东西两侧都是树林，树林的尽头也是山。王维看过之后，思索了一下，就对裴迪说："你就留在这里整修房屋和林木。我一会儿画个图给你，按照我的图去修整。西边那两间正房，一间作母亲的卧室，一间作母亲的佛堂，另两间你我各一间书房。东边的四间，咱俩各一半。厢房做厨房、餐厅、茶室等。"裴迪对钱起说："钱兄，你要帮助找一些工匠来。"钱起说："这个容易，明天就让工匠来干活。"王维问钱起："附近有寺庙吗？"钱起说："有，就在前面不远处的半山腰，有一座感配寺。"

王维坐在院子里，对四周巡回地看，心情格外晴朗。裴迪拿来笔墨纸砚，说："别画太复杂了，工匠们未必能理解你的意思。"王维说："你是干吗的？工匠是你指挥的。"

王维画完整修建筑图，交给裴迪后，说："这是初步的整修，待咱们住进来，再慢慢地进行细部修正。"

王维又对玉真公主府的门人说："这几天你辛苦了，现在咱们回去吧，裴迪留在这里领工匠们整修。"又对钱起说："兄弟，咱们走吧，我要在天黑前赶回长安，老母亲一个人在家呢。"

天黑时，王维到家，跟母亲说了辋川别业的概况，草草地吃了一口东西，就回屋睡觉了。

辋川别业整修完成，王维把母亲接到辋川。母亲看到在山水之间花草之间鸟语之间的这套屋舍，十分开心，尤其看到为她修的佛堂。

王维说："母亲，前面不到八里地，就有一座感配寺，哪天咱们去看看。"母亲说："好啊。"

王维被连续升职。

裴迪说："你拍李林甫马屁了吧？"王维用鼻子"哼"了一下，说："说几句廉价的甜话，哄他高兴，又不用纳税。嗨，人要想活着得到生活用的银子，就得出卖一些东西，哪怕不情愿。牛想得到青草吃，得到牛棚住，就得出卖力气耕田；鸡想得到吃食和鸡窝，就得出卖自己的蛋。"裴迪瞪着眼睛问："你没加入他的团伙儿吧？""怎么可能。正因为我不加入任何团伙儿，李林甫才用我。没有团伙儿，就可以把脏活儿累活儿苦活儿给我干，干好了，是他的慧眼；干不好，处置我也不用看左右，没有任何负担，抬手就可以把我处置了。""哦？这个家伙还很厉害。""能把张九龄扳倒，绝对是玩权术的高手。不过，实话实说，他的能力还是很强的，就是有些心术不正。"

王缙回来了，见到辋川别业的规模，高兴地说："这回母亲不仅有礼佛的地方，还有散步的地方了。"

王缙回来的第二天，裴迪对王维说："我该回关中老家了。我母亲让我明年参加进士科考试，我知道考不中，但不去参加考试，就是不孝了。"王维说："还是要参加一下。考中考不中是另一回事，完成这个过程也是人生的一次必要经历。""嗯，我明天走。"

王维五天或七天去上朝打个卯，其余时间，都在辋川读书，写诗，弹琴。只要在辋川，他就和王缙陪母亲在花草丛中散步。他不在辋川时，王缙陪着。

一日，王维上朝回来，一进门，王缙就拉着王维的手说："你可回来了。母亲已经病了几天，今天都不吃不喝了。"王维一听，把行囊往地上一扔，就跑着去母亲房间。

母亲看到王维，动了动脑袋，用眼神示意王维坐下。王维坐到母亲身旁，母亲有气无力地说："我，来日不多了。我死后，就把我，埋在这里吧，我喜欢，这里。"王维从王缙手里接过一碗温水，送到母亲嘴边，母亲微微晃了晃脑袋，闭上眼睛，昏睡过去。

王维走出母亲房间，问王缙："请大夫了吗？"王缙说："请来几个了。都摇晃着脑袋走了。开的药，熬好了，母亲也不吃。"王维说："我去长安城请一个好大夫来。"王缙说："我把长安城里有名的大夫已经请来三个了。大夫说，能吃药，就能维持一段时间，可是母亲不吃药，连水都不喝。"王维说："这些天，你辛苦了。今天我在母亲房间守着，你休息。"王缙说："咱俩都去母亲房间，轮流守护吧。""也好。"

母亲一天比一天虚弱，直到不睁眼睛不说话。

母亲走了。

王维到感配寺请来住持法师做了三天法事。然后遵照母亲的嘱咐，葬在辋川。

王维向朝廷告假，在辋川守孝三年。

一天，王维一个人走到一处小山丘上坐下，秋风携着小雨冷飕飕地打在王维的脸上。

这是王维感到最冷最凉最刻骨的秋风与秋雨。他想到了张九龄、孟浩然，尤其是母亲的离世，让他更加凄冷。一些树上熟透的野果，在风吹雨打中"嘭嘭"地落到地上；草丛中的一些小虫"叽叽"地鸣叫。风把他鬓角的发丝吹起，几缕白发像提前落下的霜雪。

雨水已经把王维浑身淋透，王缙跑上来，把王维拉回家里。

王维换上一身干爽的衣服，坐到书房里。

母亲是给自己生命的人，有母亲在，我是个孩子，母亲不在了，我就是个孤儿。

王缙端着一碗冒着热气的酒进来说："你刚才被雨淋透了，可别生病，喝一碗热酒，暖一暖。"王维看着这碗热气腾腾的酒，毫不犹豫地喝干了。王缙看着哥哥把酒喝完，就说："你休息一下吧。"王维对王缙说："你去吧。我累了会去休息的。现在我想在这坐一会儿。"

王缙出去了，王维走到书案前，写下《秋夜独坐》。

秋夜独坐

独坐悲双鬓，空堂欲二更。

雨中山果落，灯下草虫鸣。

白发终难变，黄金不可成。

欲知除老病，惟有学无生。

王维还是病倒了。

王维躺在床上，一幕一幕的幻景在脑海里走过。张九龄，孟浩然，母亲，每一个人都微笑着向自己走来，每个人都一遍一遍地喊他的名字。他想迎着他们走过去，可是迈不动腿，他想答应他们的呼叫，可张不开嘴。

感觉有人在拉自己的胳膊，他猛地睁开了眼睛，看到王缙和感配寺的住持和尚坐在自己的身边，住持和尚正给自己诊脉。此时，他才明白过来，刚才是在做梦。

和尚拿来一些草药，熬煮后，给王维喝。

三天后，王维可以下地行走了，但是，很虚弱。王缙这才长舒了一口气，带着哭腔说："哥，你可把我吓着了。昏迷着还又叫又喊，又是半夜，我只好到感配寺把老和尚请来给你诊脉了。还好，这个和尚师父真把你给诊治好了。"王维说："我也不知道怎么回事，就是醒不来。"王缙说："这几天，也别出门了，就在家里静养。也别写诗了，乖乖地躺着，喝药，喝我煮的粥。"

刚刚入冬，王缙接到朝廷任命，任河东节度使、太原尹，马上去赴任。王缙对王维说："杨国忠扳倒了李林甫，现在大权独揽。我看朝廷快出事了。外戚专权，必出祸端。这个杨国忠，我看比李林甫更像魔鬼。"王维说："皇上应该知道杨国忠是个庸才、魔鬼，还把朝政大权交给杨国忠，说明——"王缙抢过话茬儿说："皇上沉迷后宫杨贵妃，都不临朝听政，早就鬼迷心窍了。嗨，咱们不管朝廷的事，当差领俸禄而已。你就在家安心休假，我去太原赴任。你闲了就去感配寺和那些和尚玩去吧。"王维说："你去赴任吧，我没事。过了这一冬，开春的时候，裴迪就该来了。"王缙说："他要是考中进士了呢？"王维一摊手说："他的心思根本就不在考试上，去考一下，走走过场，做做样子，安慰一下他的父母而已。"王缙说："哦。裴迪能来陪你，我在外面还能放心些。"

王缙去太原赴任，王维独自在辋川。

一个人的生活，看上去无拘无束的，其实也是没着没落的。

王维并不认为此时自己是得到大自在的，更不是自由的，真正的自在、自由是内心无任何牵挂，而王维心里牵挂的东西有点儿多。

好在附近有一处感配寺，让王维可以常常去和住持师父谈佛学，聊佛经，还能在寺院里吃斋饭。

这一日，王维闲走到感配寺，与和尚们闲聊，看到和尚们在一起又说又笑的，互相间都很亲密，不由得心里发酸。暗思：现在，我身边连个说话的人都没有了。一个人回到辋川别业里，就面对有声的雨雪风霜，和无声的苍天大地。

从感配寺回来，他想起了裴迪，拿起笔，写了一首诗《赠裴迪》。

赠裴迪

不相见，不相见来久。

日日泉水头，常忆同携手。

携手本同心，复叹忽分襟。

相忆今如此，相思深不深？

诗写完，读了一下，觉得有些太甜了，更暴露了自己的脆弱，还"相思深不深"，有点儿矫情，不适合现在以书信方式寄给裴迪，先收着，等见面了再给他看吧。想了想，又给裴迪写了一封信《山中与裴秀才迪书》：

近腊月下，景气和畅，故山殊可过，足下方温经，猥不敢相烦，辄便往山中，憩感配寺，与山僧饭讫而去。比涉玄灞，清月映郭，夜登华子冈，辋水沦涟，与月上下。寒山远火，明灭林外，深巷寒犬，吠声如豹，村墟夜舂，复与疏钟相间。此时独坐，僮仆静默，多思曩昔，携手赋诗，步仄径，临清流也。

当待春中，草木蔓发，春山可望，轻鲦出水，白鸥矫翼，露湿青皋，麦陇朝雊，斯之不远，傥能从我游乎？非子天机清妙者，岂能以此不急之务相邀！然是中有深趣矣，无忽。因驮黄蘗人往，不一。山中人王维白。

信写完，他看了一遍，封好，拿着走到山口的驿站，交给邮差。往回走的路上，王维想：这小子，可别看到我的信，不参加考试就往这跑啊，我可是写明了的，明年春天来，咱们一起游山玩水。

王维回到自己的院子里时，天已经黑了。他在屋里转了一圈，不知道该做点儿什么。突然想起：我是不是该吃饭了？我要吃饭吗？

&＆ ##*$*　&＆ ##*$*　&＆ ##*$*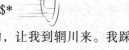

接近子夜，我呼叫王维，他不想动，让我到辋川来。我踩着两片飞舞的雪花，就来到辋川。

我："你很想念裴迪？"

王维："一个人身边要有一个可以无障碍交谈的人，尤其是诗人。不能充分地交流，情感就得不到彻底释放，诗人的作品中感情也不会充沛，不会流畅。还有，人的心里不能憋太多的话，憋太多的情愫，憋多了、憋久了会爆炸，会把人炸毁的。"

我："你写给裴迪的那首诗和这封信，很像情书。"

王维："你说的情书，指的是什么？只有男女之间情爱的书信是情书？"

我："除了裴迪，心里还有其他人吗？"

王维："目前，能让我身心放松的，只有裴迪了。"

我："后世想和你交流的人很多啊。"

王维："我只关心能不能把当前活好，后世的事，由后世的人自己去想办法解决吧。"

第九章

月出惊山鸟

春来花开，草长鸟飞。

几天来，王维都在感配寺与住持师父一起，探讨佛学对人在社会生活中的影响。

王维问："师父，怎样能让一个人在任何情况下都保持心静呢？"住持师父说："动与静，在表面上看是相对的，其实，在自然环境里，动是永恒的，静是短暂。如果人要想保持静的永恒，首先就要承认动，接受动；其次是不要把动与静对立起来，不是在动中取静，而是把动也看作是一种静；最后，放弃所有的对立，接受所有的遭遇，就会得到彻底的静。"王维点头认可住持师父的观点。住持师父接着又说："天上的风雨雷电是动，人的七情六欲是动，地上的花开花落草木枯荣也是动，这些都是我们不能改变的，愉快地接受这些动，就是静。静是心态，也是人生的态度。人世间有一种现象，很难保持静，那就是面对恶。恶人恶事经常发生，而且有很多恶，是我们无力抗拒和改变的。佛家扬善，却很难出手惩恶；那么，就要求对佛虔诚的人，面对恶人恶事，要有鲜明的态度。不对恶人恶事亮出抵制、反对的态度，是支持恶，不是静。对抗拒不了、改变不了的恶，表明自己反对或不合流的态度,这是对佛的忠诚,是对静的虔诚。静是善,善是佛家的根本。"王维说:"师父,我受教了。"

王维在感配寺吃过斋饭,天已经黑了起来。走出寺院,心里还想着住持师父关于动与静的高论。王维知道,刚才住持所讲,并非完全是佛家的理论,是结合了住持的人生经验在里面的;不过,很有道理。

王维一边走,一边琢磨,竟然走错了路口,来到一处山涧边。王维四处看了看,有满坡的桂花树,夜风不大不小地吹着,涧底有水流声不大不小地传来。王维索性就坐在了一块石头上,看桂花,听水流。一片乌云走开,月亮泻下晶莹的光,一只鸟从一棵树上突然鸣叫着飞了起来,鸟的翅膀扑打着夜空,让夜空有了巨大的静。王维抬头看了一眼月亮,暗想:难道是月光惊动了小鸟?

坐了一会儿,王维觉得有些凉意,就起身回家了。

到家后,走进书房,把和住持师父谈话的感受,以及刚才在山涧边看到景色结合在一起,写下了《鸟鸣涧》。

鸟鸣涧

人闲桂花落,夜静春山空。

月出惊山鸟,时鸣春涧中。

裴迪回来了。进士科考试落第。

裴迪进门就绕着王维左转一圈,右转一圈,再上下看了看,说：“我不在你身边，你活得也很好嘛。”王维瞥了裴迪一眼说："王缙走的时候，留下了很多坛酒，你再不回来，酒就该酸了。"裴迪把鼻子凑到王维身边，嗅了嗅说："我先闻闻，你酸没酸。"王维说："别胡闹了。放下行囊，去煮饭吧，好久没吃到你煮的饭了。"

傍晚，王维与裴迪坐在书房聊天，各自说了分别后的各种事情。裴迪问："接下来，你想怎么过？"王维说："搬来辋川住这么久，还没有把每一处细细地看看。我想咱们两个，到各处好好看看，给每一处取个名字，然后，你我为每一处写一首诗，将来咱们就编辑一本诗集，如何？"裴迪说："好啊！最好，你再给每一处画幅画。"王维摇着头说："不能每一处都画，最后可以画一张整体的辋川图，留给后人。"

第二天早上，王维起床后，发现裴迪不见了，灶台上也没有煮好的饭。王维纳闷儿，这小子跑哪儿去了？正狐疑间，裴迪一溜儿小跑地回来了，手里拿着一根树枝。

王维看着裴迪手里的树枝，裴迪说："我想你要晚些时候才会醒来，就跑到山上找一根适合做拐杖的树枝，给你爬山、下坡时用。"王维内心很高兴，表面镇静地说："煮饭去吧，我饿了。吃完了，咱们再出去转。"

他们出门走到沟口，这是进辋川的第一站，原本是有名字的，叫孟城坳。宋之问住在这里的时候就叫孟城坳，孟城是历史留下来的名字，没有任何遗迹留存，只留下了一个名字。王维说："这孟城坳，是进咱们院子的第一个路口。你看，现在已经像历史遗迹一样残破了。很难想象，当年宋之问在这里的时候是什么样子啊。"

他们坐在一块石头上左顾右看，一棵柳树无精打采地站立着，柳枝低垂，像在缅怀逝去的古人。

他们又在孟城坳转了一会儿，就往回走。裴迪说："咱们从这边的树林里走，不走来时的路。"王维说："也好。算我们是另辟蹊径了。"

走在林子里，他们惊动了树上的鸟和地上跑的兔子。裴迪看到兔子高兴了，跑到兔子跑过的地方看了看，就和王维继续往回走。

王维手里拿着的拐杖，长短粗细很合适。王维说："你怎么还会做拐杖？"裴迪说："我没做过拐杖，这是第一根。我在老家经常上山打猎，要做长长短短的几根竹扞或木扞，木扞要把一头削尖，现在，我不把树枝的一头削尖，磨圆了，就是拐杖呗。""哦。你这么聪明，要是把心思用在读书上，也许就考中进士了。""嘿嘿嘿，你倒是考中进士了，怎么样了？该受气还不是要受气？还不是要我陪着你住在这山里？"王维一瞪眼说："伶牙俐齿，就是为了掩盖自己懒得读书的事实。"

回到院子里，裴迪煮饭，王维把两个人的诗，抄在一本大册页上。并在册页的封面写下：辋川集。

吃过午饭，裴迪对王维说："你先休息一会儿，等你醒了咱们再走。"然后就拿着一些丝绳和竹枝在鼓鼓捣捣。王维说："你这是要干什么？"裴迪笑着说："我看到林子里有兔子，做几个套子抓几只，就不用到外面去买牛肉了。你吃素，我要吃肉的。不吃肉喝不进去酒啊。"王维笑了一笑，回屋休息去了。

王维醒来，见裴迪不在屋里，嘀咕了一句："这是给兔子下套子去了。"

裴迪跑回来说："但愿明天早上，能抓住几只兔子。"

他们出门，走到不远处的一个小山冈，名叫：华子冈。

这里的树木更密一些，因为树太密，地上的草得不到充足的阳光，显得稀疏和矮小。树上的鸟儿成群，高音部、中音部、低音部都在鸣唱，像一台多音部的大合唱。

王维说："这里的景色要比孟城坳美些，层次感更强。"裴迪说："你给我写信，就说华子岗很美，现在看了，确实不错。好了，你老人家坐在这琢磨写诗，我到那边去看看。"王维说："这里也能抓兔子？""不，这里不抓兔子，我看这里的树多草稀，可能会有蘑菇，我采些蘑菇，晒干了，冬天给你煮汤喝。"裴迪跑了，王维看着他活蹦乱跳的背影，心里很高兴。自语："晚年有这样的小兄弟陪伴，整天都是快乐的，不想人间杂事，不生烦恼，真好。"

王维拄着拐杖，独自在周边转，裴迪跑回来了，说："华子岗的诗，咱们晚上回去写。现在你可以坐在这里等我，也可以回到屋子里去歇息，我回去拿个竹篮子，来捡蘑菇，那边的蘑菇成片成片的，好多啊。"王维说："我在这里听鸟儿唱歌，你回去吧。"

裴迪取来竹篮就奔向树林深处。隔了一会儿，高高兴兴地提着一篮子蘑菇回来了。

回到院子里，王维进书房，裴迪晒蘑菇。

随后，二人开始写诗。

华子冈

飞鸟去不穷，连山复秋色。

上下华子冈，惆怅情何极。

——王维

日落松风起，还家草露晞。

云光侵履迹，山翠拂人衣。

——裴迪

裴迪说："你写得比我深邃、丰富，但我写得也不差嘛。"王维笑了："你写得确实挺好。"裴迪做着鬼脸说："你开始表扬我了？"

第二天早上，王维起床，走出卧室，看到裴迪正在院子里剥兔子皮。王维说："阿弥陀佛！你太血腥了。"裴迪说："你是孔子，吃牛肉，不看杀牛。"王维说："我不吃牛肉，更不吃兔子肉。"裴迪两只手带着兔子血就跑到王维面前说："你应该吃兔子肉，兔子肉是素菜。"王维看了裴迪一眼，裴迪接着说："你看，兔子吃草，你吃兔子，不就等于你在吃草吗？"王维说："谬论！谬论！"

王维当然没吃兔子肉，但也不反对裴迪吃。

裴迪背着一个竹篓，和王维一起走。他们来到一处，长着很多高大的银杏树，树下是连成片的香茅草。王维站在那里四处看看，对裴迪说："这里的银杏树长得真好，地上香茅草也好。银杏树是建庙宇的好材料，香茅草也是佛家喜欢的，咱们给这里取名文杏馆吧。"裴迪说："你说这里叫什么名字，它就叫什么名字。好，文杏馆。"裴迪又往地上看了看香茅草，对王维说："秋天银杏结籽的时候，我捡几粒回去，你在院子里种上几棵，让你每天不用往外走，就能看到银杏树。"

他们分别写了诗。王维在言佛家事，裴迪却说人间情。

文杏馆

文杏裁为梁，香茅结为宇。

不知栋里云，去作人间雨。

—— 王维

迢迢文杏馆，跻攀日已屡。

南岭与北湖，前看复回顾。

—— 裴迪

裴迪说："你在这坐着，继续想怎么用这些银杏树建造寺庙的事儿，我去采一些野菜，晚上给你煮些新鲜菜吃，这样，我吃兔子时，你就不烦我了。"

很快，裴迪就背着满满一竹篓野菜回来了，对王维说："挂好你的拐杖，咱们回去喽。我已经垂涎那两只兔子肉和坛子里的酒了。"

　　王维吃着谷米饭和煮野菜，看着裴迪喝酒吃兔子肉，心里很是满足。对裴迪说："这野菜很好吃，你也吃些吧，我吃不完。"裴迪说："先吃肉，后吃菜。肉是下酒的，菜是下饭的。"裴迪酒喝到七成的时候，不喝了。对王维说："你去把诗抄到册页上去吧，我先睡了。明天我早起去看看那些套子里，还有没有兔子。"裴迪走了，王维脸上露出清澈的笑容。

　　裴迪又拎回来两只兔子。王维说："天天吃兔子不烦啊？"裴迪说："今天我带着王缙留下的弓箭出去，抓几只山鸡回来，明天就改吃山鸡了。"

　　裴迪背着弓箭，王维拄着拐杖，他们来到一处竹林。竹子都笔直地向天空生长，密不透风的竹叶，像一片绿色汪洋。王维想到了谢灵运的《从斤竹涧越岭溪行》，就说："这里应该取名：斤竹岭。"裴迪说："好啊。谢灵运有斤竹涧，咱们这里就是斤竹岭。他是沟壑，我们是山岭。相映成趣嘛。"

　　他们左转一圈，右转一圈，王维的诗已在胸间了。裴迪说："我的诗已经有了，回去写。现在我去抓山鸡，你自己在这玩儿吧。"

　　裴迪果然射杀了一只山鸡，蹦蹦跳跳地拎着山鸡来了。王维也很高兴。

　　他们晃晃悠悠地回到院子里。裴迪忙着去收拾山鸡，王维累了，上床歇息。

山鸡汤的香味，让王维有些把持不住，真想喝一碗；但是，他默念了几遍阿弥陀佛，也就忍住了。心想：我修不成佛，也要努力地向佛靠近。

吃饱喝足，他们各自写下《斤竹岭》。

斤竹岭

檀栾映空曲，青翠漾涟漪。

暗入商山路，樵人不可知。

——王维

明流纤且直，绿筱密复深，

一径通山路，行歌望旧岑。

——裴迪

王维建议，休息一天，养足精神，明天要走更远的路。裴迪说："好啊。你休息，我出去转转，再抓几只山鸡。"

太阳已经越过山顶，他们向山深林密处走去。这里曾有人用树干扎过篱笆，估计是阻挡野兽用的。在一块山石上有两个字：鹿柴。王维想：这应该是宋之问当年留下的。篱笆里边曾经种植过草药，怕鹿来吃，就扎了这个篱笆，取名鹿柴了。好吧，鹿柴就鹿柴。

王维坐在一块石头上，对裴迪说："你去玩儿吧，我一个人在这安静一会儿。"裴迪乐颠颠地跑了。

回到院子里，王维又躺床上休息了一会儿。裴迪喊吃饭了，才起来。

裴迪吃山鸡肉，王维吃蘑菇。裴迪喝酒，王维喝野菜汤。

他们各自把诗写完，裴迪说："你这首诗，太好了。一定会流传后世。看似人间事，却有佛家境，真妙。"王维说："我没想过后世，只是想把眼前的诗写好。"

鹿　柴

空山不见人，但闻人语响。

返景入深林，复照青苔上。

——王维

日夕见寒山，便为独往客。

不知深林事，但有麋麚迹。

——裴迪

接下来，他们每隔两天或三天出去一趟，因为越走越远，裴迪怕王维的身体吃不消。

一日，他们午后休息起来，王维说："咱们现在出去吧，到山上时就是傍晚，看看月下的辋川会另有情趣。"裴迪说："好啊。"就在要出门的时候，裴迪说："我给你带上琵琶吧，到山上，你对着月光弹一曲，一定别有韵味。"王维说："好吧。我也好久没弹琴了。"

他们来到一处竹林茂密的地方，在竹林的中央竟是一片空地，空地上有一个简陋的用竹子搭建的茅屋。王维看了一会儿说："这应该是当年宋之问消遣的地方。我们就叫它：竹里馆。"裴迪把琵琶递给王维，又搬来一块大石头，让王维坐下。

王维调试了一下琴弦，舒了一口气，镇定一下，琴声就响了。

风停止了游动，月亮停止了游动，飞虫停止了游动，只有悦耳的琴声在山谷中回荡。

回到屋里时，天已经黑了。王维说："吃了饭，咱们去书房写诗。"裴迪说："那我再喝几杯酒。"

竹里馆

独坐幽篁里，弹琴复长啸。

深林人不知，明月来相照。

——王维

来过竹里馆，日与道相亲。

出入唯山鸟，幽深无世人。

——裴迪

诗写完，裴迪看着王维的诗说："明明是我坐在你身边，你怎么是'独坐幽篁里'？"王维说："我坐下弹琴时，就如身外无人啊。你的诗'出入唯山鸟'，也没把我当人嘛。"裴迪说：

"这叫有来无往非礼也。"两个人斗了一会嘴，就各自睡去了。

他们把辋川别业的地界走了一遍，共写同名诗，每人二十首。

王维把这四十首诗，全都抄录在册页上，觉得还应该写个序文，说明一下这四十首诗的缘起与来历。于是，就在册页的扉页上写下一篇简短的序文：

余别业在辋川山谷，其游止有孟城坳、华子冈、文杏馆、斤竹岭、鹿柴、木兰柴、茱萸沜、宫槐陌、临湖亭、南垞、欹湖、柳浪、栾家濑、金屑泉、白石滩、北垞、竹里馆、辛夷坞、漆园、椒园等。与裴迪闲暇，各赋绝句云尔。

写完后，读了一遍，也还算满意。就对裴迪说："那里还有册页，你也抄一份，你我各留一册。你不总惦记着后世吗？那就好好抄写，至少给后世留下一幅好字。"裴迪说："你有一手好字，我的字留给后世，会让后人说闲话的。"王维问："什么闲话？"裴迪："后人会说，王维写这好的字，怎么会有裴迪这个写字这么差的朋友。"王维说："其实，你的字不差，很有个性，和你的人一样，清澈、耿直。"裴迪说："好了，别哄我了。我抄一份就是了。"

感配寺的一个小和尚来了，住持和尚请王维到寺院里去聊天，并有事相求。王维说："好的。我明天和裴秀才一起去。"

小和尚走了之后，裴迪问："那个老和尚有什么事求你？"王维说："他们寺院的藏经阁有四面白墙，多次请我给其中一面墙画上壁画，我说等我把辋川各处看一遍再画。"裴迪说："哦。正好你要画辋川，画在寺院里倒也合适。只是——"王维："只是什么？"裴迪："你要在寺院里画上几天，难道让我在寺院里陪着你吃几天无酒无肉的素？"王维："你吃几天素，又能怎样？""好吧。吃素就吃素，不就是净净肠嘛。"

王维想了一下说："把咱们刚写完的《辋川集》带上，让小和尚再抄一份，留给寺院。"裴迪说："这是你在想后世了，不是我想。"王维说："我们费了这么大的力气写完，应该多给几个人看看。当代都没人理睬，怎么会留给后世？"

住持老和尚热情地与王维、裴迪攀谈。佛学、人性、社会现象、天南地北，无所不及。老和尚说："听说杨国忠现在把朝廷内外闹得人心惶惶，都不务正业了，皇上因为杨贵妃，装作看不见或者只能忍着。"王维说："我的假期还没到，一直居住在辋川，朝廷的事儿，我一点儿也不知道。"老和尚说："你在辋川，如陶渊明在桃花源啊。"王维："不敢和放翁比。我是服丧守孝休假，放翁是主动放弃官身，境界上相差太远。"

老和尚终于说到正题。"王大人，摩诘先生，老僧请你来，还是过去跟你说过的那件事儿。我们寺院的藏经阁，四面白墙，想请你给作壁画一幅，为我佛添彩增色。"王维说："师父你客气了，能为寺院的藏经阁作画，是我求之不得的。原来不敢答应，是我心里没底，不知道该画什么，糊涂乱抹岂不玷污了墙壁，惹我佛生气。现在，我已经心里有画了，这次一定不负你的期望。"说着让裴迪把《辋川集》拿出来，交给老和尚。王维继续说："这是我和裴秀才走遍了辋川的各处，标明了二十处地名，我俩为这二十处景色写的同题诗，我把它们编辑成《辋川集》，现在拿了一本来感配寺，希望住持师父请哪位小师父抄录一份，留在感配寺。"老和尚接过诗集，略翻看一遍，说："好啊。马上让写字最好的小徒弟去抄录，而且要多抄录几本，我们和其他寺院交流时，这本《辋川集》就是最好的礼物啊！"王维："那就更好了。"

老和尚带着王维、裴迪来到藏经阁。

王维在藏经阁里的四面墙前转来转去，最后选定东墙。这面墙长八尺，高六尺。

老和尚派人给王维和裴迪打扫了两间客房，对王维说："颜料、画笔等一应物件都给你准备齐了，你什么时候动笔都行。"又指着两个小和尚说："我这两个小徒弟，归你使用，需要什么，吩咐他们就是了。"王维向两个小和尚笑了笑。

王维在藏经阁里，面对东墙坐看三天，一笔未动。裴迪耐不住了，对王维说："你是不是觉得这寺院里的斋饭好吃啊？三天还不动笔。"王维说："我在构思。怎么能把辋川二十景融在一个画面上，没有远近，没有明暗，处理好它们在画面上的关系。"裴迪说："你要画多久？"王维："快则二十天，慢则一个月。"裴迪说："那你在这画吧，我要回去了。冬天就要来了，我要到集市上买些木炭生火盆用，还要买些牛肉干，整个冬天都不会有新鲜肉吃了。"王维说："你回去吧。二十天后来接我。"

裴迪和老和尚告别，又对跟在王维身边的两个小和尚嘱咐：“王大人身体不是很好，经常半夜会咳嗽，你们要随时准备热水，听到他咳嗽了，就给他一碗热水喝。”两个小和尚点头说：“裴秀才放心，我们一定会照顾好王大人。”裴迪看着这两个诚恳的小和尚，放心地走了。

老和尚听说王维经常夜半咳嗽，就来到王维的客房，拿出一小包药来，对王维说：“咳嗽时，用筷子头蘸上一点儿，用温水喝下就好，但不能多喝，喝多了会哑言，造成一时说不出话来的。”王维接过药，顿首感谢。

某夜，王维咳嗽，就把老和尚的药拿出来，用筷子头蘸上一点儿，接过小和尚端着的温水，服下，果然不咳了。王维心想：好药，要带在身边。

王维到寺院的第五日，仍未动笔。老和尚有点儿坐不住了，来找王维探探究竟。王维说：“老师父放心，我是在构图。咱们辋川，四面是山，而最多的是呈网状的清亮的溪水。水清则山秀，水清山秀故而清幽。感配寺在这水清山秀之地，真是佛家清源之所啊。”老和尚听了王维的这番话，一拍桌案，说：“王大人好见解。清源之所，我何不将感配寺更为清源寺。王大人能给我们题‘清源寺’三个字吗？”王维说：“可以呀。”老和尚马上让身边的小和尚拿纸笔来，王维起身，拿起一支抓斗笔，写下“清源寺”。

至此，感配寺不在，清源寺诞生。

王维开始动笔作画了，神情专注，不和任何人说话，需要小和尚做什么，只用眼神。两个小和尚也是机灵，看得懂王维的眼神。老和尚偶尔来看一眼，也不说话，不敢打扰王维。

十八天，王维在清源寺藏经阁的东墙，画了一幅《辋川图》。

老和尚站在画前，一脸的惊喜。这是辋川吗？端庄森严又虚无缥缈，清幽恬淡又巍峨峭拔，这是仙境，不，这是西天的佛境。可这就是一幅画啊。看画面上亭台楼榭掩映于群山绿水之中，瀑布溪流遍布幽谷，花草野藤缠绕古木，青山绵延、逶迤、大石头小石块都棱角分明，树木各呈身姿，或站或卧或舞。山下溪水流肆，水中舟楫往还，游人、渔夫怡然自乐，悠然超尘。

老和尚伫立画前很久很久，简直是看傻了。心里暗说：王摩诘内心的淡泊简逸，非常人所能有啊！

老和尚对王维不停地拱手作揖，由衷地夸赞这幅《辋川图》，夸意境，夸构图，夸笔法。王维只是微微一笑，说："我五天不动笔，就是想把自己先安抚到幽静之中，我心中无佛就画不出佛，心中不净，就画不出幽。直到我入佛境入幽境，才敢动笔，才能把山水人物画入佛境、幽境。至于用笔之法，是过去学习作画时的积累。但愿这幅画能与清源寺相匹配。"老和尚说："已经为清源寺壮威壮色了。清源寺可能会因为你这幅画而被千古铭记。"

裴迪来了，看到寺院的匾额换成了"清源寺"，而且是王维题的字，心里就说：他也不怕累，连寺院的名字都去改。

王维看到裴迪，说："咱们回去吧。"裴迪说："你画的画，总得让我欣赏欣赏吧。"

小和尚带着裴迪去藏经阁，看《辋川图》。裴迪站在画前，看了一会儿，内心感到震惊。不断慨叹：奇才！奇才！他有这幅画，诗都不重要了。

王维和裴迪走到寺院门口，老和尚带着寺院的所有和尚出来送行，一直跟着王维画画的两个小和尚每人肩上背着一个小麻袋。老和尚说："王大人，寺院无以酬谢，这是小徒弟们平时在山上采摘的蘑菇、野菜、竹笋等，已经晒干，你拿回去和裴秀才慢慢吃。"王维说："太多了。我们只留一袋就可以了。"裴迪对老和尚说："我要知道你会送蘑菇、野菜、竹笋，我就不费那么多力气满山跑去采摘了。留下一袋吧，我已经采摘了好多在家里了，我们都拿去就太多了，主要是他一个人吃，也吃不了多少，你们人多，留一袋在寺院里给师父们吃吧。"

就这样，裴迪接过一袋干菜背上，和王维一路又说又笑地回家了。

下雪了。王维站在窗前看。裴迪端着一盆木炭火进来，放在地中央。

裴迪走到王维身边问："看什么呢？"王维指着远处的溪水说："你看，还有渔夫在划小舟捕鱼，大概这是今年最后一次在水里捕鱼了，落完雪就该结冰了。"裴迪看了王维一眼，调侃地说："你这是给他们念阿弥陀佛，还是要鼓励他们杀生？"王维说："为了生计捕鱼，不是杀生。比如你抓兔子和山鸡。"

裴迪笑了："怪不得，我说你怎么不反对我抓兔子抓山鸡，原来你也知道，我不吃肉会死啊！"王维说："你就没有一个时候是正经说话的。"裴迪说："现在跟你说个正经的。你画的《辋川图》，应该是当世极品，我为你骄傲。现在面对雪景，你再画一张落雪图吧。当世画雪的人可是少之又少啊！"王维说："我画过雪景的，不过，你这么鼓励我，我就再画一张。"然后又说："把炭火盆端到书房，我画画，你读书写诗喝酒都行。"裴迪说："我喝酒，御寒。"

王维把画画完，已经接近黄昏。王维说："你过来看看我这幅《雪溪图》。"

裴迪走到画前看，看着画，就把身体僵住了。暗说：这是神人之作啊！

裴迪看一会儿画面，又抬头看看窗外的雪景。他站的位置，和王维画画时站的位置相同，可是，王维在画中表现的是另一幅景象，或者是别的心境。天地一片白，身心都干净。溪水、小舟、远山、近树都呼应着干净的氛围。不是恬淡，不是清新，是干净。

从画面上看，分近、中、远景三部分：近景是山的一角，有小路横斜。有小桥、茅舍、阁楼、村店。路上有一人，匆匆而行，似乎正要过桥，而桥的另一端是几间房屋，屋里有人喝茶或喝酒。画面正中有一座临水房屋，可能就是这间屋子。屋后有五六棵树木，疏疏落落，十分休闲。中景为溪流。平静的水面上有一条篷船，有两个人撑篙摆渡。远景是对岸起伏的山坡，和几间村舍掩映于茫茫雪色之中。整个画面白雪皑皑，江村寒树，野水孤舟，组成一片空旷、悠远、干净的景象。

裴迪走到王维身边，伸出手摸着王维的脑袋。王维说："你又要要什么怪？"裴迪说："我摸摸你的脑袋，是感觉一下，你是不是通神。怎么可以画出这样神性的画来呢？"王维说："心里有什么，就能画出什么。同样，看画的人，心里有什么，就会想到什么。你在我的画中看到了神性，也许有人看到的是人间烟火。"裴迪说："你又跟我讲佛，讲深奥的道理。你画的是什么，我不管，我看到什么，就是什么。"

两人相视一笑。

王维喝粥，裴迪继续喝酒。王维说："过了这个冬天，明年正月，我就该去朝廷圆假了。"裴迪说："你不就是三天五日去点个卯嘛。不过，明年春天，我该出去做点事了。高适、钱起都在蜀中，邀我几次了。"王维说："你去吧。明年春天，王缙也该回来了，我就回长安城里居住。"

聊到夜深，他们各自睡去。

&& ##*$*　&& ##*$*　&& ##*$*

我没睡，我要和王维聊几句。

我："有人说你是诗中生画，画中生诗，对这种说法，你是怎么看的？"

王维："只能是诗中生诗。心中有诗的人，才能画出有诗意的画，心中有画的人才能写出灵动的诗。没有画面感的诗是死的，没有诗意的画也是死的。"

第十章

忍別青山去

王维来到宫门外等着上朝，发现今天来上朝的人稀稀落落，而且有几位还在交头接耳。王维知道，他们一定是在议论安禄山造反的事。王维走到一边，一个人清静地站着，多年来，凡是看到交头接耳的事儿，王维都会躲开。

等了好长时间，宫门终于打开。一个太监出来喊："皇上昨夜已率后宫及部分文武官员前往蜀中巡游，让你们立即赶往陈仓，皇上在陈仓等你们。"宫门外等候的官员先是惊讶得无声、面面相觑，接着就惊慌起来。有几位直接就奔向陈仓方向走，王维顿了一下，觉得事态严重了。是赶回辋川，还是去陈仓？

王维无目的地离开宫门口，继续犹豫着，该往哪里走。这时，就听到大街上有人声嘶力竭地呼叫："安禄山大军进城了！快跑！"

王维跟随着人群，盲目地快步走，也不知道前面是哪儿。突然人群不动了，王维也停了下来。安禄山的军队拦住了去路，身后也出现了安禄山的士兵。安禄山的士兵拦住人群，就在人群里找人，穿官服的都被挑出来带走。几个士兵走到王维面前，喊："嘿，这里还有一个五品官！"

王维和一队穿着朝服的官员，被安禄山的士兵押送着往洛阳方向走。

此时，安禄山已经在洛阳称帝，国号：大燕。

王维左顾右看，知道没有逃跑的机会了。可是，就这样被押到洛阳？到了洛阳还会怎样？估计不是到洛阳去杀头，如果想杀他们这些唐朝的官员，就不必带到洛阳去杀，现在就可以杀了。那么，把他们带到洛阳干什么？想到这，王维出了一身冷汗，这是要我们做安禄山伪朝廷的官员啊！王维心里清楚，安禄山成不了大事，迟早会被唐朝的军队灭掉，可是，现在自己落到伪朝廷的手里，怎么办？寻死？还是到了洛阳再见机行事？王维用双手拍打自己的身体，感觉碰到了衣服口袋里的什么东西。把手伸进口袋一摸，哦，是清源寺老和尚给的药。这药是治疗咳嗽的，对了，老和尚说，吃多了就哑言，就会说不出话来。王维攥着这包药，心里顿时就有数了。到洛阳，我就哑巴了，你安禄山能奈我何！

裴迪在辋川等了五天，仍不见王维回来，心里有点慌了。安禄山大军攻进长安，不会屠杀唐朝官员吧？唐玄宗跑了，把王维也带走了？裴迪越想心里越没底，就跑到长安城来探听消息，寻找王维。最后得知，王维被安禄山的军队押到洛阳去了。

知道这个消息，裴迪缓了一口气，王维没死，既然是押到洛阳去，是安禄山想用王维做伪朝的官，也就不会死了。裴迪想去找王维，将他救回来。

裴迪找了一匹快马，向洛阳奔去。

王维被关押在洛阳菩提寺。

所谓关押，就是监视居住。门口有卫兵，禁止外人进来，也不准王维等人出去。此时，王维已经哑言，说不出话来了。

安禄山的部下，把从长安掳来的官员名单送给安禄山看。安禄山接过花名册，说："嚯，不错啊，有二百多人呐。我看看都有谁。嗯，伶人乐工就有三十多人啊。"

安禄山看到了王维的名字，问："王维在唐朝现在是个什么职位？"答："给事中，正五品。"安禄山大声说："好。我也任命他给事中，正五品。嘿嘿，我是个粗人，但是我的朝廷要有文人，而且是大文人。"部下说："皇上，你把每个人的官职都确定一下，我们张榜公布天下，如何？"安禄山一眨眼睛，说："对呀，要张榜公布天下，公布天下！没准儿，那些官儿还能跑过来几个。"

安禄山圈定了各个职位后，交给部下说："贴出去，各处都要张贴，还要发到能发到的地方。"部下领旨去办了，他又问："王维现在什么地方？配合吗？"部下说："王维到洛阳就病了，喉疾，说不出话来了。现在菩提寺关押着呢。"安禄山说："我要去菩提寺看看王维。""皇上为什么要去看王维？"安禄山严肃地说："当年，李隆基在他的大殿要我，要我当着满朝文武的面跳舞，我说我不会跳舞，但李隆基不允，我只好跳。你想想，我这肥大的身体跳舞能好看吗？惹得文武百官都嘲笑我，只有一个人不笑，就是王维。我就是不堪那场羞辱，才决定反唐的。而王维当时为什么不笑？估计他看出来我要反唐了。"

安禄山到了菩提寺，士兵们山呼万岁。王维听到这些士兵喊"万岁"，开始还以为是唐玄宗来了，随后才反应过来，安禄山现在也是"万岁"了。

安禄山走到王维的门外，就高声喊："王大人，王大诗人，我来看你来了。"说着，就进门，王维一直躺在床上，看到安禄山进来，勉强起身向安禄山点了点头，然后用手指着自己的喉咙，又摇了摇头。安禄山说："我知道你患了喉疾才来看你的。你就安心养病，有什么需要就让他们去办。"安禄山回过身对身边的人说："王大人是本朝的正五品给事中，你们不可怠慢，赶紧去请太医给王大人治病。"安禄山身边的人："遵旨。"安禄山又对王维说："王大人，过几天我要在凝碧池大宴群臣，要载歌载舞，希望那时你的病能痊愈。这样的盛会，没有你王大人怎么能成呢。"

安禄山走了，太医就来了。这位太医也是和王维一起被掳来的，在长安时，就对王维的才华和为人很敬重，现在同是天涯沦落人，自然也是怜爱有加。

太医为王维诊了脉，看了喉咙，已知道是王维自己服药所致，对王维会心一笑。小声说："王大人，我给你开几服药，该吃药吃药，我能把你的病医好，你在人前能不能说话，那就看你想不想了。"王维抓了抓太医的手，眼神里充满感激。

裴迪进了洛阳城，就看到张贴的大布告。裴迪看到了王维的名字，有一丝狐疑："他真的做了安禄山的官儿了？不会！皇上的官儿，他都不愿意做，怎么可能愿意做安禄山的官儿呢？嗯，这是安禄山的计谋，是要先成既定事实，进而离间这些人与唐朝的关系。"想到这儿，裴迪就四处打听王维在哪儿。

凝碧池是唐朝东都洛阳禁苑中池的名字。位于神都苑最东面，东西五里，南北三里。池上有凝碧亭。凝碧，指青翠欲滴的样子，故"凝碧池"意为青翠欲滴之池。

安禄山曾在这里参加过唐玄宗的群臣宴，那时唐朝是歌舞升平；今天，安禄山已经把唐朝的东西两都都占领了，也要歌舞升平。

几十个从长安抓来的官员坐在席上，王维没来。

裴迪来了，在老百姓的观众队伍里偷看。

安禄山心里清楚，从长安抓来的这些人，无论原来的官级大小，现在到了这里都得乖乖地听令，否则就是死。人只要怕死，谁手里有刀就听谁的。

从长安掳来的伶人们都各就各位准备登场，安禄山一眼扫过去，发现太乐署的总管雷海青没到，就问："雷海青呢？"部下说："说是病了。"安禄山一瞪眼睛吼："拖也要给我拖来。"

雷海青踉踉跄跄地来了。安禄山说："这么重要的宴会，你怎么要装病？"雷海青一听安禄山这句话，马上站直了身体，对安禄山说："你一直承受我大唐的恩泽，不思报答，反而造反。恩将仇报，是天下第一逆臣贼子！我凭什么给你这样的反贼演奏？你配吗？"说着，拿起手边的乐器就往安禄山身上砸。安禄山一拍桌案，大喊："给我乱棍打死！"雷海青被绑在一根柱子上，一众士兵乱刀乱棍地砍打，直到雷海青被砍打成十几块尸肉。

裴迪看不下去了，离开凝碧池，去找王维。此时，他已经知道王维被关在菩提寺。

裴迪以王维亲属的身份，进入菩提寺院里。

裴迪进屋，王维的泪就流出来了。王维想起身，裴迪把王维按住，小声说："你不要动，你的情况我已经知道了。刚才，我去凝碧池了，没看到你，那个给你医病的太医告诉我，你在这里，也讲了你的病情。"王维把嘴凑到裴迪耳边问："凝碧池那边发生了什么事？"裴迪就把雷海青被打死的来龙去脉讲给王维，王维神情更加沮丧。王维依旧贴着裴迪的耳朵说："你赶紧回长安，别让更多的人发现你来了。现在，我说一首诗，你要记住，然后写下来，一路散发，到长安更要散发，至少要放异乡客酒家一份，也许，还能救我一命。"说完拿起裴迪的左手，把裴迪的左手心朝上，自己用一根手指在裴迪手心上面写字，写一个字，再轻轻读出这个字的发音。

凝碧池

万户伤心生野烟，

百官何日更朝天。

秋槐叶落空宫里，

凝碧池头奏管弦。

王维写完，念完，看着裴迪，裴迪低声说："我记下了，马上去写下来。你放心，我在长安等你。听说太子李亨已经在朔方营召集兵马讨逆了，很快就会打到洛阳。你要坚强，要活着，哪怕像牲口一样活着。"王维低低地说："你快走吧。安禄山不灭，我不会再说话了。"

李亨在朔方营灵武登基即位，也就是历史上的肃宗皇帝，唐玄宗被推尊为太上皇。

唐肃宗任用郭子仪、李光弼等将领率军，又联合回纥、西域之兵一同征讨安禄山叛军。李光弼的副将就是王维的弟弟河东节度使王缙。

后来，安禄山被自己的儿子安庆绪杀了，叛军只剩下一些残余。唐肃宗收回了东都洛阳、西都长安。

唐肃宗李亨住进长安兴庆宫，做了正式皇帝。

那些被安禄山抓到洛阳的官员们，又被唐肃宗抓回长安来。按唐朝律令，任了伪朝官职的人，一律问斩。

王维被押回长安。斩监候。

杀不杀王维，唐肃宗还在犹豫。王维是他爸爸玄宗不太喜欢的人，玄宗不喜欢，对他应该没有威胁，他最怕的是他爸爸玄宗的亲信在他身边。这是其一。

有几个人来向他汇报，王维并没有给安禄山做事，一直在装病。而且还写了一首向唐朝表忠心的诗《凝碧池》。他也被王维这首诗感动了。这是其二。

王维的弟弟王缙，是李光弼手下最奋勇的战将，这次平息叛乱立下了大功。王缙亲自来向他求情，愿意把自己的功劳爵禄都放弃，换他哥哥一命。这样的兄弟情谊让人动容啊。这是其三。

杀不杀王维呢？唐肃宗不断地问自己。突然想：我不杀王维，王维、王缙哥俩不就死忠于我了吗！不杀！

小太监来报："刑部侍郎王缙求见。"肃宗一招手，"让他进来。"王缙走到肃宗面前跪拜。肃宗说："你就不用说话了，去把你哥哥王维领回家，休养几日，然后，让他回到朝廷来继续做事，官复原职。"王缙千恩万谢地退出来，直接跑到关押王维的地方，接王维回家。

王维的命保住了，回到家，兄弟俩抱头大哭一场。

王缙告诉王维，宁王和岐王都相继去世了。王维惊讶地问："他们怎么去世的？是因为生病，还是战乱？"王缙说："看上去是生病，其实也是因为战乱。心情不好，奔波逃命，生病了身边没有医生救治。"王维悲切地说："唉。都是我的恩人啊！我被安禄山抓去，又被任命了伪职，他们要是知道了，气也会气死。我是罪该万死的人啊。"王缙劝慰道："好了，别再想这件事了。发生过的事，是不能改变的事，你何必总揪着自己不放？"王维又问："玉真公主有什么消息？"王缙说："据说躲到深山里修道，与世隔绝了所有来往。"王维轻轻地说："但愿她能安心修道，忘记人间世事。"王缙小心地问："她会忘了你吗？""若修成仙道之身了，就会忘记一切人间俗事。"

不久，肃宗授王维为太子中允，后迁中书舍人。

王维要公开谢恩，让满朝百官都知道他在谢恩。他先后写了两则谢恩表《谢除太子中允表》和《谢集贤学士表》。随后又写了一首诗《既蒙宥罪旋复拜官伏感圣恩窃书鄙意兼奉简新除使君等诸公》。

既蒙宥罪旋复拜官伏感圣恩窃书鄙意
兼奉简新除使君等诸公

忽蒙汉诏还冠冕，始觉殷王解网罗。

日比皇明犹自暗，天齐圣寿未云多。

花迎喜气皆知笑，鸟识欢心亦解歌。

闻道百城新佩印，还来双阙共鸣珂。

这是王维一生中，拍马屁拍得最响的一首诗。"日比皇明犹自暗，天齐圣寿未云多。"是说：太阳也没有肃宗的大唐皇朝明亮，肃宗皇帝即使是万寿无疆也不算多！

王维看了一遍，觉得这首诗呈给肃宗，肃宗看到后的效果应该不错。

王维再也无心在朝廷做官了，可是，对肃宗的不杀之恩，又不能无所表示。想来想去，他决定把辋川别业送给肃宗，不，送给唐朝。怎么送呢？建议在辋川建一座寺庙吧。

裴迪对王维说："你现在性命无忧了，马屁也啪啪地拍了，还升了官儿了，辋川也要送人了，我该走了。"王维看着裴迪说："你是该出去做些事了，但要时常给我写信。不要等着我先给你写信。"裴迪说："好。今晚，我和王缙喝酒，你喝不喝一口？"王维脱口就说："喝！"

王维把辋川别业里的东西收拾了一下，带回长安。又找人把里外打扫了一遍，锁好门，带上房契地契离开了辋川。

走在回长安的路上，王维的心里还是很难受。这个住了这么多年的辋川别业，这个让自己舒服了这么多年的辋川别业，就这样与自己没有关系了。

王维回到家，情绪很低落，王缙看出来了，但也没有办法劝解。

王维想，既然我已经告诉肃宗皇帝把辋川别业送给他，那就大大方方地送吧。不能表现出舍不得或出于无奈，于是，就写下了《请施庄为寺表》。

请施庄为寺表

臣维稽首：臣闻罔极之恩，岂有能报？终天不返，何堪永思！然要欲强有所为，自宽其痛，释教有崇树功德，弘济幽冥。臣亡母故博陵县君崔氏，师事大照禅师三十馀岁，褐衣蔬食，持戒安禅，乐住山林，志求寂静，臣遂于蓝田县营山居一所。草堂精舍，竹林果园，并是亡亲宴坐之馀，经行之所。臣往丁凶衅，当即发心，愿为伽蓝，永劫追福，比虽未敢陈请，终日常积恳诚。又属元圣中兴，群生受福，臣至庸朽，得备周行，无以谢生，将何答施？愿献如天之寿，长为率土之君，惟佛之力可凭，施寺之心转切。效微尘于天地，固先国而后家。敢以鸟鼠私情，冒触天听，伏乞施此庄为一小寺，兼望抽诸寺名行僧七人，精勤禅诵，斋戒住持，上报圣恩，下酬慈爱，无任恳款之至。

唐肃宗看到王维把最心爱的辋川别业都送来了，对王维就彻底放心了。

王维又升官儿了，尚书右丞，四品。

人人都怕死。在活着的前提下，老百姓怕吃不上穿不上；官员们怕丢官失宠；皇上怕耳边的甜言蜜语。

王维虽然官至四品，依然三天去点一下卯，五天上一次朝，还经常托病居家，长时间不去上朝。肃宗也知道王维的心态，就睁一眼闭一眼了。

王缙被派往蜀州，任蜀州刺史。

王维又开始一个人生活。

书也不再读了，诗也不想写了，更不会去弹琴。浑浑噩噩，噩噩浑浑。孤单到孤独，孤独到孤单。

此时的王维与其说是孤单，不如说是在自己煎熬自己。王维的心里一直放不下在安禄山伪朝廷里任职这件事，这是他的心病，留下的创伤无法愈合，甚至，一直是他心灵深处的一次灾难。这种创伤与灾难，不会因为过去的时间长而变得模糊，反而是在需要安静的时候，就会跳出来折磨他。有时，还会通过幻觉来提醒自己。他在《与魏居士书》一文中写道："偷禄苟活，诚罪人也。"

可是，怎么才能减轻这种折磨呢？亲人。身边要有亲人。

此时的王维，应该是：每逢孤单倍思亲。

日升日落，月出月隐。两年过去了。

这两年，王维心情一直在灰暗中，一些朋友来访，他也懒得见。杜甫曾来过两次，王维都躲开了。杜甫留下的诗，王维倒是认真读了。其中《秋兴八首》写得是真好。还有"国破山河在，城春草木深。"写得更好，比自己任何一首诗都好。至于给自己写的《奉赠王中允维》，不过是一些劝慰的客气话而已。

王维在想弟弟王缙，想裴迪。可是，裴迪在蜀中正春风得意，不能扰他。弟弟王缙应该回到长安来任职，不能总在外地。想到这儿，王维决定给皇上肃宗写一份奏章，用免去自己的职务来换回弟弟王缙。

责躬荐弟表

臣维稽首言：臣年老力衰，心昏眼暗，自料涯分，其能几何？久窃天官，每惭尸素，顷又没于逆贼，不能杀身，负国偷生，以至今日。陛下矜其愚弱，托病被囚，不赐疵瑕，累迁省阁，昭洗罪累，免负恶名，在于微臣，百生万足。昔在贼地，泣血自思，一日得见圣朝，即愿出家修道；及奉明主，伏恋仁恩，贪冒官荣，荏苒岁月，不知止足，尚忝簪裾，始愿屡违，私心自咎。臣又闻用不才之士，才臣不来；赏无功之人，功臣不劝，有国大体，为政本源。非敢议论他人，窃以兄弟自比。

臣弟蜀州刺史缙，太原五年，抚养百姓，尽心为国，竭力守城，臣即陷在贼中，苟且延命，臣忠不如弟，一也。缙前后历任，所在著声，臣忝职甚多，曾无裨益，臣政不如弟，二也。臣顷负累，系在三司，缙上表祈哀，请代臣罪，臣之于缙，一无忧怜，臣义不如弟，三也。缙之判策，屡登甲科，众推才名，素在臣上。臣小言浅学，不足谓文，臣才不如弟，四也。缙言不忤物，行不上人，植性谦和，执心平直，臣无度量，实自空疏，臣德不如弟，五也。臣之五短，弟之五长，加以有功，又能为政，顾臣谬官华省，而弟远守方州，外媿妨贤，内惭比义，痛心疾首，以日为年。臣又逼近悬车，朝暮入地，阒然孤独，迥无子孙，弟之与臣，更相为命，两人又俱白首，一别恐隔黄泉，傥得同居，相视而没，泯灭之际，魂魄有依。伏乞尽削臣官，放归田里，赐弟散职，令在朝廷。臣当苦行斋心，弟自竭诚尽节，并愿肝脑涂地，

224

陨越为期。葵藿之心，庶知向日；犬马之意，何足动天。

不胜私情恳迫之至。

这份奏章中，再次提到"顷又没于逆贼，不能杀身，负国偷生，以至今日。"

肃宗皇帝看了王维的表奏，对这兄弟俩的感情深感敬佩与羡慕。文中的一句"两人又俱白首，一别恐隔黄泉"，让肃宗不由得感慨：这才是手足兄弟！唉，我们皇家子弟，永远不会有如此相爱相惜的，不勾心斗角、互相残杀，就是好兄弟了。

肃宗批准王缙回长安任左散骑常侍，三品。而且并不需要王维辞去现有职务。

王维立即又写了一首感恩的诗《谢弟缙新授左散骑常侍状》。

王缙接到圣旨时，知道是哥哥表奏皇上换自己回长安的，他隐约感觉到哥哥的身体和心理都出问题了，甚至很危险。他通知裴迪立即赶回长安后，就快马加鞭地往回赶。

王维似乎听到了王缙的马蹄声，可是，这马蹄声怎么越来越远？似乎听到了裴迪哈哈大笑的声音，而笑声也是越来越远。马蹄声和笑声都是从耳边飘向了云端。

他想起当年在襄阳时写的《汉江临眺》诗中颈联的一句："江流天地外，山色有无中。"这是写给自己的吗？是对自己一生的总结？于是感叹："唉，我也在有无中啊。"

月亮升起在半空，一束月光透过窗户缝隙射到王维的床头。

王维觉得这是通往西天的走廊，或者是引他去往西天的绳索，他使出全身的力气，伸出手去抓这条绳索。他抓空了，这个世界在王维的身边彻底空了。

"空山不见人""夜静春山空"，王维诗中写过的那些"空"就是此时。

王维再也没能睁开眼睛，再也没看到弟弟王缙和裴迪。

& & ##*$*　 & & ##*$*　 & & ##*$*

我："你最爱的人是谁？"

王维："母亲。"

我："你最喜欢自己的哪幅画？"

王维："在辋川画的《雪溪图》。"

我："你最喜欢自己的哪首诗？"

王维："没有被你们过度解读的那些。"

大唐朝：异乡客酒家

尾声

我又来到异乡客酒家。

老先生看到我就说："好久不见了。楼上请。"我说："今天咱们就好好见见，今天之后，不一定什么时候再见了。"老先生说："哦？你这是要回去了？""是啊。出来太久了。"

一盘胡豆，一碗麻肉，两壶酒。我自斟自饮了一会儿，老先生走了上来，手里提着两壶酒，身后的店小二端着一盆青胡椒煮鱼。

我笑着说："又把姜子牙没钓上来的鱼，煮了吃啊！"老先生说："你还记得这话茬儿呐。"我说："是啊，我总在想，您为什么说这是姜子牙没钓上来的鱼呢？"老先生："姜子牙如果就是为了钓鱼，专心钓鱼，那时的乱世谁来收拾？他去整顿乱世了，才把鱼留给我们后人吃啊。"我恍然大悟。

我说："来吧，老先生，您老人家陪我坐一会儿，今天我请您。"老先生也笑了："怎么？兑换的我们唐朝的钱，没用完？""是，没用完。""回去还能兑换吗？""能。"

老先生问："这么长时间，对王维彻底了解了吧？"我晃着脑袋说："怎么可能彻底了解？要彻底了解王维，需要我的学识、襟怀与王维相同才行，我比王维差太远了。"老先生说："也是，也是。不过，至少应该有这样一个认识，如果没有'安史之乱'，王维肯定是另一个王维。"我笑着说："如果没有'安史之乱'，唐朝还是唐朝吗？"

老先生："喝酒，喝酒。"

我们默默地喝了一会儿酒，老先生还是憋不住了，说："如果不是杨国忠专权胡搞，也许'安史之乱'就能避免。没有'安史之乱'，我们唐朝人该是多幸福啊。"我说："老先生，历史不能假设。再说，是谁让杨国忠专权胡搞的？'安史之乱'的罪魁祸首是任用、放纵杨国忠的人。"老先生马上阻止我："嘘——这个不能明说，不能明说。""哈、哈、哈。"我大笑起来，"您天天说'大唐朝，大唐朝'。连这个都不敢明说，还是什么大唐朝？"老先生一下子就严肃起来："小伙子，你再说这个，我不跟你喝酒了，我下楼，我下楼。"我一把拉住老先生，说："别走，咱们不说这个话题了。"

我又盯着那面题满诗句的墙看。老先生问："你看什么？也想在墙上题诗？"我说："我怎么敢往墙上题诗。我是在看'安史之乱'后，还有谁在这面墙上题过诗？"老先生说："没有。刘禹锡来过，想题诗，可是没到题诗时就喝醉了，后来被贬出京城，就再没来过。"我说："'安史之乱'后的唐朝，好像就没人记得了，至少是没给历史留下什么值得骄傲的事了。诗人倒是有几个，像刘禹锡、皮日休等，但他们诗歌的品质，不能和李白、杜甫、王维、白居易、韩愈他们比了。""是啊，是啊。诗人也是要有好的环境，才能成长为大诗人的。"我学着老先生刚才的样子："嘘——咱别说这个，别说这个。""哈、哈、哈。"这回轮到老先生大笑了。

老先生问："你写的诗，能给我看看吗？"我说："我是用现代汉语写诗，您看着会不习惯的。"老先生倒也谦虚，说："就当我去旅游，看到新鲜景色了嘛。"我说："好吧。给你看一首。"

我把笔记本翻开，找到一首短诗，给老先生看。

苦 冬

无雪的冬天是我的敌人

雪不来，故乡不和我说话
雪不来，我在异乡的苦楚无处掩藏
雪不来，所有的风都能把我吹动

我是脱离了根的枯叶
易怒易燃
雪不来，就不安静

老先生看完，说："嗯，有点儿王维晚年诗歌的韵味，你也信佛？"我说："我尊敬佛，但还没有信佛的资格。"老先生："那你信什么？"我举着酒杯说："信酒。"我俩都笑了起来。老先生又问："你们不写五言、七言诗吗？"我说："写，有一批人专写五言、七言格律诗。但是，也是用现代汉语，你读起来同样不习惯。"老先生："你现在写一首，我看看，你们把五言、七言诗写成什么样？"我说："我很少写，或者等于不会写。不过，您要看看我写的五言、七言诗长什么样儿，我就写给您看看。您出题吧。"老先生说："好，就以《王维》为题吧。"我略加思考，拿出圆珠笔就准备往笔记本上写。老先生说："等等，用毛笔写。"回头对店小二说："把书案铺上纸，笔墨准备好。"

我拿起毛笔，舔饱墨，写下：

王　维

辋川尽清梦，逢乱变蹉跎。

得失皆心碎，不误成诗佛。

老先生看完，笑了，说："呵呵，跟我们唐朝的诗比，是差点儿意思。差点儿意思啊！不过，对王维的评价还算中肯。"

窗外下起了雨，还是黄豆粒那么大的雨点，还是垂直地往地上砸。

老先生说："这是我们唐朝的雨，你一会儿去淋一下，唐朝的雨都是诗歌的句子，你多淋在身上一些，也许对你今后写诗会有帮助的。"我说："好。我现在就下楼，站在露天地上淋雨，接一些唐朝的诗句，然后再回客栈。"老先生说："哈哈，会幽默的人，就不愁有好的诗句啊。"

走到大门口，我回头对老先生拱手说："明天我就离开唐朝回去了，老先生再见！不一定什么时候，我又来唐朝找人，到那时，我还会来你这异乡客酒家，咱们再喝上几壶新丰美酒。"老先生："唐朝欢迎你再来！"

作揖。作别。

与老先生告别。与异乡客酒家告别。与王维的唐朝告别。

接近子夜，我回到小客栈，仰面朝天望着天花板，我在等那条壁虎，壁虎没来，也许在隔壁的酒馆听诗人们唱诗呢。

雨停了，能听到行人踩踏地面积水的声音，这声音似乎也是平仄分明的。

睡觉前，我想了想，还要再和王维联系吗？嗨呀，别再打扰王维了，他这一生够闹腾的了。想到这，我就安稳地睡觉了，梦里竟把联系王维的密码给忘了。

全国总经销

捧 读 文 化
触及身心的阅读

出 品 人　张进步　程　碧

特约编辑：师明月
内文排版：张晓冉
封面设计：仙境设计